ADRIAN / ALBERT / RIEDEL

Die Mitarbeiterbeurteilung

Die Mitarbeiterbeurteilung

Hinweise und Hilfen für Beurteiler

von

Diplom-Verwaltungswirt
Gerhard Adrian
Leitender Polizeidirektor a. D.

Diplom-Psychologe
Ingolf Albert
Leitender Regierungsdirektor a. D.

Diplom-Verwaltungswirt
Eckhard Riedel
Finanzwirt (CoB)

7., überarbeitete Auflage, 2002

moll

RICHARD BOORBERG VERLAG edition moll
Stuttgart · München · Hannover · Berlin · Weimar · Dresden

Die Deutsche Bibliothek – CIP-Einheitsaufnahme

Adrian Gerhard:
Die Mitarbeiterbeurteilung : Hinweise und Hilfen für Beurteiler / von
Gerhard Adrian ; Ingolf Albert ; Eckhard Riedel. – 7. überarb. Aufl. –
Stuttgart ; München ; Hannover ; Berlin ; Weimar ; Dresden : Boorberg, Ed.
Moll, 2002
   ISBN 3-415-02953-0

Druck und Verarbeitung: VEBU Druck GmbH, 88427 Bad Schussenried
Papier: säurefrei, aus chlorfrei gebleichtem Zellstoff hergestellt;
alterungsbeständig im Sinne von DIN-ISO 9706
© Richard Boorberg Verlag GmbH & Co., 1980

Vorwort zur 7. Auflage

Die Verfasser freuen sich, diesen Band als siebte Auflage vorlegen zu dürfen. Gleichzeitig fühlen sie sich bestätigt, mit dem gewählten Buchkonzept kurzer und konkreter Hinweise Führungskräften bei der Anfertigung einer Mitarbeiterbeurteilung Unterstützung leisten zu können.

Der Trend setzt sich fort, dass Bundes- und Landesbehörden bei der Einführung neuer Beurteilungssysteme wertgebundene Einstufungsverfahren wählen. Die Beurteiler sollten sich deshalb nicht von der damit erzielten optischen Vereinfachung täuschen lassen, sondern sie sind gut beraten, sich mit den Problemen des Beurteilens von Mitarbeitern eingehender zu befassen. Der vorliegende Band bietet die Chance dazu.

Das Dienstrechtsformgesetz von 1997 verstärkt mit der Schaffung von Leistungsanreizen das Leistungsprinzip (Gewährung von Leistungsprämien und -zulagen, leistungsabhängiges Aufsteigen in den Grundgehaltsstufen). Die Umsetzung solcher Leistungsanreize verlangt nach zuverlässigen Bewertungs- bzw. Honorierungssystemen, an deren Schaffung Bundes- und Landesbehörden zur Zeit arbeiten.

Die Verfasser haben sich mit dem gegenwärtigen Stand von Rechtsprechung und praktischer Realisierung befasst, um mit entsprechenden Hinweisen dem Praktiker Hilfen anzubieten. Damit wurde auch bei der siebten Auflage am bewährten Konzept dieses Bandes festgehalten.

Hamburg, Dezember 2001   Die Verfasser

Vorwort

Das Verhältnis Vorgesetzter – Mitarbeiter hat sich in den zurückliegenden Jahren entscheidend gewandelt. Der Mitarbeiter ist aus der Rolle des bloßen Ausführens von Tätigkeiten herausgeleitet und viel stärker zum selbständig und verantwortlich Handelnden geworden. Der Rollenwechsel bewirkte, dass sich die Beziehung zwischen Vorgesetztem und Mitarbeiter offener und freimütiger gestalteten, sodass sich ein partnerschaftliches Verhältnis entwickeln konnte.

Ein solcher kooperativer Führungsstil lässt sich aber nur praktizieren, wenn eine wechselseitige Information stattfindet, also Kommunikation möglich ist. Zudem muss eine Vertrauensbasis bestehen, auf der sich auch bei kritischer und unterschiedlicher Meinungsbildung eine konstruktive Zusammenarbeit gestalten lässt.

Führen heißt, dem Mitarbeiter Ziele setzen, ihm helfen, diese Ziele zu erreichen und ihn zu einer leistungsorientierten Einstellung und Handlungsweise anzuleiten. Das kann ein Vorgesetzter nur, wenn er seine Mitarbeiter genau kennt, um ihre Stärken und Schwächen weiß, sie richtig einzuschätzen und sie an der richtigen Stelle einzusetzen vermag. Die Beurteilung des Mitarbeiters, die möglichst zuverlässige Information über ihn geben soll, darf dabei kein zufälliger, automatischer oder gefühlsmäßiger Vorgang sein. Das Beurteilen von Mitarbeitern muss sehr bewusst, gesteuert und kontrollierbar vollzogen werden.

Die Verfasser wollen mit ihren Aussagen in dem vorliegenden Band Hinweise und Hilfen geben, die dazu beitragen sollen, Fehler und negative Einflüsse beim Beurteilen zu erkennen und zu vermeiden, um möglichst zu gerechten Ergebnissen zu kommen. Das Buch soll ein Ratgeber für Führungskräfte sein.

Die Verfasser waren bemüht, auch auf einige rechtliche Probleme hinzuweisen, die im Zusammenhang mit der Abgabe von Beurteilungen erwähnenswert erscheinen. Erfahrungen, die die Verfasser aus Lehre und Führung, insbesondere aus umfangreicher Seminararbeit mit Beurteilern gewonnen haben, sind verwertet worden.

Die Verfasser

Inhalt

1. Die Bedeutung der Mitarbeiterbeurteilung

1.1 Allgemeines

Fast jeder Mensch glaubt, er würde aufgrund seiner Erfahrung und seines Umgangs mit anderen Menschen genügend Menschenkenntnis besitzen, um andere beurteilen zu können. Täglich und überall, wann und wo Menschen zusammentreffen, geschieht dies; sie beurteilen andere, sie werden von anderen beurteilt. Sie beurteilen dabei weitgehend gefühlsmäßig, nehmen gewisse Persönlichkeitszüge an anderen wahr und machen sich – mehr oder minder unbewusst – ein Bild von ihnen. Da sich dieser meist zufällige Beurteilungsvorgang häufig abspielt, glauben die meisten, sie seien gute Menschenkenner.

Einen ganz anderen Stellenwert hat der Vorgang des Beurteilens im beruflichen Bereich, in Betrieben, in Unternehmungen und in der öffentlichen Verwaltung. Hier kann die Beurteilung eines Mitarbeiters zu personellen Maßnahmen führen. Sie kann in positiver wie in negativer Hinsicht beamten- bzw. tarifrechtliche Konsequenzen haben. Beurteilen ist also ohne Zweifel eine wichtige Führungsaufgabe eines Vorgesetzten.

Mitarbeiter richtig und gerecht zu beurteilen ist aber keine leichte Aufgabe. Es gehört zum einen ein gutes Maß an Menschenkenntnis und Erfahrung dazu, um eine möglichst zutreffende Beurteilung über einen Menschen abzugeben. Zum anderen gibt es Einflüsse, die den Beurteilungsvorgang und damit das Ergebnis beeinträchtigen können.

Es ist darum wichtig, dass der Beurteiler solche Bedingungen kennt, um sie einzukalkulieren und Fehler und Mängel zu vermeiden bzw. zu beheben.

1.2 Ökonomische und rechtliche Aspekte

Die öffentliche Verwaltung ist verpflichtet, ihre Aufgaben – ob nun als Leistungs- oder Eingriffsverwaltung – optimal zu erfüllen. Sie hat, wie jedes Unternehmen, wie jeder Betrieb in der privaten Wirtschaft, ihren Nutzen zu maximieren und ihre Leistungen nachzuweisen, auch wenn administrative Dienstleistung nicht gewinnorientiert, also im Geldwert kaum messbar ist. Die Leistungsfähigkeit der öffentlichen Verwaltung wird aber wesentlich davon abhängen, ob es gelingt, für den öffentlichen Dienst geeignete und leistungsfähige Mitarbeiter zu gewinnen, sie entsprechend zu führen und sie zu fördern. Es wird also darauf ankommen, die Mitarbeiter in den verschiedenen Arbeitsbereichen des öffentlichen Dienstes nach richtiger Einschätzung ihres Leistungsvermögens zweckdienlich zu beschäftigen, um so eine hohe Effektivität in der Aufgabenerfüllung zu erreichen.

Für die Mitarbeiter im öffentlichen Dienst ist das Leistungsprinzip in Artikel 33 Abs. 2 GG rechtlich verankert. Nach diesem Grundsatz darf der Zugang zu den öffentlichen Ämtern nur von Eignung, Befähigung und fachlicher Leistung abhängig gemacht werden. Das Leistungsprinzip gilt nicht nur bei der Einstellung eines Mitarbeiters, nicht nur bei der ersten Berufung in das Beamtenverhältnis, sondern auch für die späteren Ernennungen und die Übertragung anderer Ämter und Dienstposten, also für die weitere Verwendung des Beamten. Das Dienstrechtsreformgesetz 1997 verstärkt durch die Einführung von Leistungsanreizen (Leistungsprämie und -zulagen) das Leistungsprinzip.[1]

Die Laufbahnverordnungen des Bundes und der Länder enthalten die Verpflichtung zur Beurteilung der Eignung, Befähigung und fachlichen Leistung der Beamten.[2]

In den Richtlinien der Bundes- und Landesbehörden werden grundsätzliche Aussagen zur Bedeutung der dienstlichen Beurteilung gemacht. So heißt es u. a. in den Richtlinien für die Beurteilung der Beamtinnen und Beamten des Landes Rheinland-Pfalz:

„Dienstliche Beurteilungen haben zum Ziel, ein aussagefähiges, objektives und vergleichbares Bild der Leistung und Befähigung der Beamten zu gewinnen. Sie sind eine unverzichtbare Grundlage für personen- und sachgerechte Personalentscheidungen."[3]

Fast gleichlautende oder ähnliche Aussagen werden in den Beurteilungsrichtlinien anderer Dienstbehörden gemacht.

Auch obere Verwaltungsgerichte haben in ihren Entscheidungen Forderungen genannt, die an Beurteilungen zu stellen sind. Das Oberverwaltungsgericht Münster sagt in seinem Urteil vom 5. 6. 1972 – IA 44/71 – Folgendes aus:

„Der Dienstvorgesetzte hat bei der dienstlichen Beurteilung eines Beamten seine wahre Auffassung über dessen Eignung, Befähigung und Leistung hinreichend deutlich und differenziert niederzulegen, sodass die Beurteilung

---

1 Gesetz zur Reform des öffentlichen Dienstrechts vom 24. 2. 1997 (BGBl. I S. 322).
2 So u. a. §§ 40 und 41 der Bundeslaufbahnverordnung vom 8. 3. 1990 (BGBl. I S. 449, ber. S. 863).
3 Ministerialblatt der Landesregierung von Rheinland-Pfalz 1994 Nr. 12, S. 408.

der Personalverwaltung als brauchbare Unterlage für gerechte, laufbahn-mäßige Entscheidungen dienen kann."[4]

Die Feststellung der Eignung, Befähigung und fachlichen Leistung des Mitarbeiters setzt aber voraus, dass die für die Personaleinsatzplanung Verantwortlichen Informationen über die Persönlichkeit, über die Fähigkeiten, Fertigkeiten, Kenntnisse und Interessen des Mitarbeiters erhalten. Zudem müssen sie die Anforderungen des Arbeitsplatzes genau kennen, auf dem der Mitarbeiter tätig werden soll. Erst durch einen Vergleich der Anforderungen und der Befähigung wird es möglich sein, eine Personalentscheidung zu treffen und den Mitarbeiter seiner Qualifikation und seinem Leistungsvermögen entsprechend einzusetzen. Erst dann ist jenem geläufigen Ausspruch „Den rechten Mann / die rechte Frau für den rechten Platz zu finden" Genüge getan.

Eine Einschätzung des Mitarbeiters hinsichtlich seiner Eignung und Befähigung sowie seiner Leistung vorzunehmen bedeutet, den Mitarbeiter zu beurteilen, ein Urteil über seine aufgabenbezogenen Eigenschaften, sein Arbeitsverhalten und seine Arbeitsergebnisse abzugeben[5]. Personelle Maßnahmen (Einstellung, Versetzung, Beförderung u. ä.) verlangen fundierte Entscheidungsgrundlagen, die überwiegend nur aus formalen Beurteilungen zu gewinnen sind.

Das Beurteilungsergebnis kann also bestätigen, dass der Mitarbeiter auf dem richtigen Dienstposten eingesetzt ist, oder es gibt Hinweise, dass er besser an einer anderen Stelle verwendet werden sollte. Aus der Beurteilung müsste auch erkennbar sein, ob der Mitarbeiter förderungswürdig ist und ob ihm Aufstiegschancen eingeräumt werden sollten. Gerade die Auswertung der Beurteilungen dürfte erst eine zielgerichtete Personaleinsatzplanung zulassen. Das bedingt natürlich, dass solche Prognosen im praktizierten Beurteilungsverfahren institutionalisiert sind.

1.3 Die Beurteilung aus der Sicht des Mitarbeiters

Beurteilungen sind heute kein Repressionsmittel eines hierarchischen Systems in einem Untertanenstaat, in dem mit dem Instrument der Beurteilung andere, nämlich „die Untergebenen", diszipliniert werden sollten. In

---

4 ZBR 1972 S. 376.
5 Schröder/Lemhöfer/Krafft: Das Laufbahnrecht der Bundesbeamten (Kommentierung der § 40 und 41 BLV).

einem kooperativ-partnerschaftlichen System, das Grundlage der Menschenführung in der Verwaltung ist, wird die Mitarbeiterbeurteilung – wie bereits dargestellt – anderen Zwecken dienen. Es sind sehr praktische Ziele, die mit der Beurteilung auch für den Mitarbeiter erreicht werden sollten:

– Der Mitarbeiter erhält durch die Beurteilung Informationen über die Einschätzung seiner Persönlichkeit und seiner Leistung durch den Vorgesetzten.

– Die Beurteilung gibt ihm das notwendige feed-back (Rückkoppelung) und damit die Chance zur Selbstkritik, zur Selbstkontrolle, aber auch zur Entwicklung von Gegenvorstellungen und zur Ausräumung von Missverständnissen.

– Für den Mitarbeiter ist die Beurteilung ein wesentlicher Anhaltswert für seine weitere berufliche Selbstentwicklung. Er sollte aus den Ergebnissen seiner Beurteilung Anreize zur Fortbildung und zur Ausschöpfung seiner Lern- und Leistungsbereitschaft erhalten.

Notwendig ist allerdings, dass der Mitarbeiter frühzeitig und umfassend vom Beurteiler über die Beurteilungsinhalte informiert wird, d. h. der Mitarbeiter soll bereits zum Entwurf der Beurteilung gehört werden. Im Abschnitt „Beurteilungsgespräch" (siehe Nr. 3) werden hierzu nähere Ausführungen gemacht.

2. Fehlerquellen beim Beurteilen

2.1 Allgemeines

In den Beurteilungsvorschriften des Senats von Berlin heißt es:

„Dienstliche Beurteilungen haben zum Ziel, ein aussagefähiges Bild der Leistung und Befähigung der Beamten zu gewinnen.

Dienstliche Beurteilungen dienen auch als Grundlage für sachgerechte Pesonalentscheidungen unter Wahrung des Leistungsgrundsatzes. Sie finden Berücksichtigung bei den Maßnahmen der Personalentwicklung und sind somit auch ein Instrument für die Personalführung."[1]

Die Studienkommission zur Reform des öffentlichen Dienstrechts, die ihren Bericht 1973 vorlegte, bezweifelte, dass die praktizierten Beurteilungsverfahren geeignet seien, ein zutreffendes Bild über die Fähigkeiten und Eigenschaften der Mitarbeiter geben zu können. Sie stellte fest:

„Zur Zeit geben die Beurteilungen kein für die Personalverteilung ausreichend klares und differenziertes Bild über Befähigung und Leistung der Bediensteten, da die Beurteilungsgegenstände meist unzureichend abgegrenzt sind und die Beurteilungsergebnisse vermischt werden."[2]

Auch die vom Bundesminister des Inneren mit der Erprobung neuer Beurteilungsverfahren beauftragten Forschungsgruppen kamen in ihrem Evaluierungsbericht zu solchen Feststellungen.[3]

Untersuchungen zum Beurteilungswesen in anderen Dienst- und Arbeitsstellen werden sicherlich ähnliche Ergebnisse aufweisen.

Zwischen den erklärten Zielen des jeweiligen Beurteilungswesens und der geübten Beurteilungspraxis bestehen z. T. erhebliche Diskrepanzen. In neuer Literatur zur „Personalpsychologie" wird auf aktuellem wissenschaftlichem Stand die Problematik der Beurteilungen erörtert. So u. a. Schuler, H.: Lehrbuch der Personalpsychologie, Göttingen 2001.

Im Folgenden wird der Versuch unternommen, einige wesentliche Fehlerquellen im Beurteilungsvorgang aufzudecken und Hinweise zu ihrer Eindämmung zu geben.

---

1 DBl. I Nr. 2/15. 2. 2001
2 Studienkommission für die Reform des öffentlichen Dienstrechts: Bericht der Kommission; Baden-Baden 1973, S. 214.
3 APF Arbeitsgemeinschaft Planungsforschung Heidelberg / Forschungsgruppe Mannheim: Erprobung neuer Beurteilungsformen durch das Bundesministerium des Innern, Evaluierungsbericht, Bonn 1980.

Fehlerquellen bei der Beurteilung

Gesellschaftliche Lage

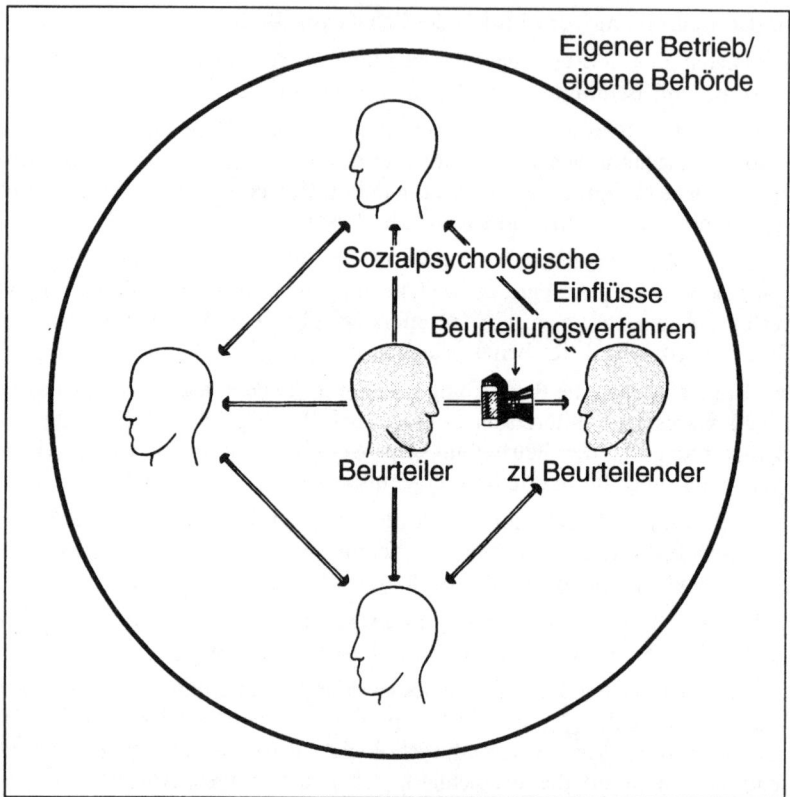

Als Hauptfehlerquellen im Beurteilungsvorgang sind anzusehen:
- **der Beurteiler** selbst
- der zu **Beurteilende**
- die **sozialpsychologischen Einflüsse**
- das jeweilige **Beurteilungsverfahren** und
- die **Randbedingungen,** wie sie durch die Eigenheiten der **jeweiligen Institution** und der jeweiligen **gesellschaftlichen Lage** vorgegeben werden.

Beurteilungen können beeinflusst werden durch die persönliche Eigenart des **Beurteilers,** aber auch durch die des zu **Beurteilenden.**

Beide stehen unter den **sozialpsychologischen Einflüssen** ihrer Dienst-/ Arbeitsgruppe, die wiederum nur ein Teil des gesamten **Betriebes** ist.

Die Art und Weise, wie der Beurteiler den zu Beurteilenden zu sehen hat, wird weitgehend bestimmt durch das im Betrieb geübte **Beurteilungsverfahren.**

Die **strukturellen Bedingungen eines Betriebes** sind wiederum Folge **gesamtwirtschaftlicher Bedingungen,** die von zeitgeschichtlichen Veränderungen abhängig sind, z. B. die gesellschaftlichen und wirtschaftlichen Veränderungen in den neuen Bundesländern.

Alle diese Bedingungen haben ihr Eigengewicht und können zur Verzerrung einer auf Objektivität bedachten Beurteilung beitragen.

2.2 Fehlerquellen aufseiten des Beurteilers

Solch ein Beurteilungsvorgang ist stets mehr oder weniger subjektiv; denn schließlich ist das Subjekt dieses Vorgangs nicht eine Datenverarbeitungsmaschine, sondern ein Mensch mit seinen Gefühlen und Vorstellungen.

Die Beurteilung ist ein Vorgang, der sich abspielt zwischen dem Beurteiler als Subjekt und dem zu Beurteilenden als Objekt dieses Geschehens. Das Beurteilungsergebnis ist die Folge von Prozessen der Wahrnehmung, der geistigen Verarbeitung und der wertenden Stellungnahme seitens des Beurteilers, die dieser vor dem Hintergrund des gesellschaftlichen Gefüges seiner Behörde/Institution vornimmt, um zu beschreiben und einzuschätzen.

Mehrere „**subjektive**" **Faktoren** können sich auf die Beurteilungsprozesse auswirken.

Der eigene körperliche und seelische Zustand

Es wird einleuchten, dass Krankheiten, familiäre Schwierigkeiten, berufliche Misserfolge usw. die Stimmung trüben, so dass man alles „grau in grau" erlebt, während angenehme Ereignisse „die ganze Welt himmelblau" erscheinen lassen.

Dementsprechend beurteilt man kleinlich, unnachsichtig oder großzügig, wohlwollend.

Die eigenen Gefühle, insbesondere Sympathie/Antipathie

Ob man jemanden mag oder nicht, kann von vielen Faktoren abhängig sein. Nicht selten ist die Bevorzugung ähnlicher Wesenszüge – „die gleiche Wellenlänge" – ausschlaggebend, aber auch ein „Kontrastprogramm" ist möglich, wobei am anderen meist die Eigenschaften geschätzt werden, die man selbst nicht hat. Doch auch wenn kein klares Gefühl der Zuneigung oder Ablehnung empfunden wird, sind die Beziehungen zu anderen Menschen fast immer gefühlsbetont, kaum ganz sachlich-neutral.

Die eigenen Motive

Das hängt zum Teil mit den eigenen Motiven zusammen. Diese „Verhaltensantriebe" reichen vom primären Bedürfnis, zum Beispiel des Hungers, bis zur sekundären Motivation, zum Beispiel durch das Streben nach sozialer Anerkennung, und zu zahlreichen „funktional autonomen Motiven" wie Interessen und Hobbys.

Das, was das Verhalten steuert und ihm seine Ziele vorgibt, beeinflusst natürlich auch die Wahrnehmungen. Der Hungrige sieht in seiner Umgebung nur das Essbare, der auf soziales Ansehen Bedachte nur die Möglichkeiten, sich zu „profilieren". Von den eigenen – vielleicht unbewussten – Zielen und Absichten her werden auch die Mitmenschen eingeschätzt. Sind es gefährliche Konkurrenten, zuverlässige Verbündete oder gar „nützliche Idioten" auf dem Berufsweg?

Die eigene Einstellung

Damit kommen die eigenen Einstellungen, die Haltung gegenüber Lebensfragen und die Verhaltensbereitschaft, ins Spiel.

Einstellungen wirken sich unter anderem aus in Beurteilungstendenzen. Wenn bei einem Beurteiler alle Beurteilten immer dasselbe Leistungsbild aufweisen, bedeutet das noch nicht, dass sie wirklich so gleichbleibend in ihren Leistungen waren.

Vielleicht hat sich dann auch die Tendenz des Beurteilers durchgesetzt, alle Leistungen stets zu milde, zu streng oder zu vorsichtig zu beurteilen.

Die Grundhaltung „Bei mir sind alle gleich gut/schlecht" verdeckt dann die real bestehenden Leistungsunterschiede und ersetzt eine differenzierende Leistungsbewertung durch ein Pauschalurteil.

Nicht viel besser verhält sich der Übervorsichtige, der alle Leistungen als mittelmäßig einstuft und sich weder im Positiven noch im Negativen festlegen möchte.

16

Bei Einstellungen und Anschauungen zeigt sich nun eine Tendenz, zu stimmigen und in sich geschlossenen Systemen zu kommen. Der oft erwähnte „Halo-Effekt" (das Überstrahlen) ist ein Beispiel für diese Tendenz: Wenn sich ein Mitarbeiter auf einem bestimmten Gebiet qualifiziert hat, werden ihm im Zweifelsfall auch auf anderen Gebieten gute Leistungen zugetraut. Wer sich als Beurteiler kritisch prüft, wird bei sich die Neigung festgestellt haben, einen „guten Mann" auch in Merkmalsbereichen als gut einzuschätzen, in denen man auf keine Erfahrungen zurückgreifen kann.

Wenn ein Mitarbeiter, der in anderen Bereichen nicht weiter hervorgetreten ist, bei einer Tätigkeit Erfolge erzielt, kommt es meist zu der Feststellung: „Das hätte ich dem nicht zugetraut."

Dass wir durch unsere Einstellung zum Teil die Bedingungen für Erfolg oder Misserfolg unseres Gegenübers schaffen, besagt der ebenfalls häufig zitierte „Rosenthal-Effekt".[4]

Der amerikanische Psychologe Rosenthal nannte Hauptschullehrern die Namen von angeblich überdurchschnittlich intelligenten Schülern ihrer Klassen. In Wirklichkeit waren diese Namen willkürlich ausgewählt und die „überdurchschnittlich Intelligenten" übertrafen die anderen Schüler nicht. Aber die Lehrer erwarteten dies nun – und schufen damit die Bedingungen für tatsächliche Leistungssteigerungen. Dieser ursprünglich im Tierexperiment ermittelte Effekt wurde auch von anderen Sozialwissenschaftlern und nicht nur im Schulbereich nachgewiesen.

Die Tendenz, zu stimmigen Einstellungssystemen zu kommen, geht sogar so weit, dass selbst neutrale Dinge einen Beigeschmack bekommen, je nachdem, ob ein Freund oder ein Feind sie gut findet.

Ist es schon schwer, die „kognitiven Dissonanzen"[5], die Erlebnisse von Unstimmigkeiten zu verwinden, wenn man unangenehme Tatbestände bei positiv bewerteten Personen und Dingen feststellen muss, so ist es sicher noch viel schwerer, die Vorzüge eines Gegners oder persönlichen Feindes zu würdigen.

Fast unmöglich ist das für vorurteilsvolle Menschen. Dass sie bestimmten Kategorien von Menschen fest umrissene Erwartungen entgegenbringen

---

4 Rosenthal, R. und Jacobsen, L.: Pygmalion im Unterricht; Weinheim, 1971.
5 Festinger, L.: A theory of cognitive dissonance; Evanston, 1957.

und sich selbst bei Enttäuschung dieser Erwartungen nicht von ihren Vorurteilen abbringen lassen, ist nachweisbar.

Die eigenen Lebenserfahrungen

Solche Erwartungen resultieren nicht zuletzt aus den eigenen Erfahrungen. Diese ermöglichen es, dass man sich „ein eigenes Bild" von der Welt macht. So können Menschen, welche die gleichen Situationen erlebten, ganz unterschiedliche Erfahrungen daraus ziehen, je nachdem, welche Vorerfahrungen sie hatten und mit welcher Einstellung sie in die Situation hineingingen. Die so gewonnene „Lebenserfahrung" bildet ein persönlichkeitsspezifisches Erklärungssystem, das mit wissenschaftlichen Erklärungssystemen („Theorien") nicht in Einklang stehen muss und doch zur Bewältigung des eigenen Lebens nützlich und ausreichend sein kann.

Tiefenpsychologische Mechanismen[6]

Zu dieser Verarbeitung bewusster Erfahrungen treten noch Verarbeitungsformen, die unterhalb der Bewusstseinsschwelle und Willenskontrolle ablaufen.

Von diesen tiefenpsychologischen Verarbeitungsformen oder „Abwehrmechanismen" werden auf seiten des Beurteilers wahrscheinlich

– die Verdrängung

– die Verschiebung und

– die Projektion

am bedeutendsten sein.

Die Verdrängung

Führungskräfte äußern hin und wieder Wünsche oder Erwartungen. Wenn ein Mitarbeiter dann „im vorauseilenden Gehorsam" Maßnahmen ergreift und Fakten schafft, kann er statt besonderer Anerkennung zu seiner großen Verblüffung erfahren, dass sich sein Vorgesetzter „beim besten Willen" an nichts erinnern kann:

> Der Vorgesetzte war in seinem Entscheidungsprozess noch nicht zu einem Abschluss gekommen. Als sich abzeichnete, dass seine Maßnahme sich als politisch unklug oder sonstwie problematisch erweisen würde, war er von ihr abgerückt – und hatte sie „gelöscht".

---

6 Freud, A.: Das Ich und die Abwehrmechanismen; München, 1968.

So schafft ein gut funktionierender Verdrängungsprozess einerseits ein gutes Gewissen, andererseits gestörte soziale Beziehungen.

Die Verschiebung

Dass man Erlebnisse, insbesondere unangenehme, auf dem Wege der Verschiebung an andere weiterleitet, ist zum Gegenstand zahlreicher Karikaturen und zu einer Binsenweisheit geworden. Zum Glück mancher Arbeits- oder Dienststellen stößt man bei der „Suche nach dem Schuldigen" fast immer auf einen „Sündenbock", auf den sich gefahrlos der ganze Ärger entladen kann. Problematisch wird es erst, wenn dieser Sündenbock an der eigenen Arbeitsstelle gefunden und schließlich hinausbefördert wird; dann muss ein neuer Sündenbock aufgebaut werden.

Die Projektion

Bei der Projektion werden eigene Gefühlsregungen und Eigenschaften, und zwar meist negativ bewertete, auf den Mitarbeiter – wie auf eine Filmleinwand – „projiziert". Das, was man sich selbst nicht gestatten kann, nimmt man bei anderen wahr – und übel!

Das Problem für den Beurteiler besteht insbesondere darin, dass er seiner unbewussten Voreingenommenheit nicht gewahr wird; aber andere sehen sie.

Bewusste Manipulation

Die bekannteste Form der bewussten Manipulation ist sicherlich das „Wegloben". Der Mitarbeiter wird bis zur Unkenntlichkeit positiv dargestellt; negative Feststellungen werden unterdrückt oder in eine abschwächende, geschönte Form gebracht.

Das Beschönigen ist auch gängige Praxis, um einem bewährten, aber nicht hervorragenden Mitarbeiter die Chance zu einer schnelleren Beförderung zu geben.

Falls die Beurteilungsrichtlinien nicht dafür sorgen, dass der Zweitbeurteiler letztendlich die Beurteilungsnote festlegt und damit auch für die Maßstabgerechtigkeit verantwortlich ist, kann ein zu „wohlwollender" Erstbeurteiler ein ganzes Beförderungssystem ins Wanken bringen, indem er durch seine unangemessenen Noten alle Beförderungsmöglichkeiten auf seine Dienststelle konzentriert – und die anderen leer ausgehen.

2.3 Fehlerquellen aufseiten des zu Beurteilenden

Auch der zu Beurteilende beeinflusst ohne Zweifel den Beurteilungsvorgang. Er ist zwar Objekt der Beurteilung, aber kein lebloses. Er ist ebenfalls handelndes Subjekt in dieser sozialen Beziehung zwischen Beurteiler und zu Beurteilendem. Er ist Partner in einer Interaktion. Er kann seinen Einfluss auf den Beurteiler ganz bewusst und gezielt oder auch unmerklich und mehr oder weniger unbewusst ausüben.

Die vom „Beurteilungsobjekt" ausgehenden Einflüsse können wir in

– Täuschungsmanöver

– Überformung des Verhaltens und

– tiefenpsychologische Mechanismen

unterteilen.

Täuschungsmanöver

Bei den bewussten Täuschungsmanövern wird die Ausrede oder Notlüge zur Vertuschung einer Fehlleistung noch die harmloseste Form sein. Probleme werden sich für den Beurteiler nicht nur hinsichtlich der Feststellbarkeit, sondern auch der Nachweisbarkeit bewusster Täuschungsversuche ergeben.

Überformung des Verhaltens

Die Überformung des Verhaltens umfasst eine Bandbreite von der geschickt genutzten Möglichkeit einer (zu) positiven Selbstdarstellung bis hin zu tiefenpsychologisch bedingten Verhaltensformen. Allen gemeinsam ist der Versuch, den Erwartungen des Beurteilers zu entsprechen. Dabei kommt es häufig zu Fehleinschätzungen. Der zu Beurteilende meint irrtümlich, dass der Beurteiler auf etwas ganz Bestimmtes Wert legt. Die Folge davon ist eine „Fehlanpassung", im schlimmsten Falle „Kriecherei". Bei guter Menschenkenntnis des Nachgeordneten kann aber auch eine handfeste Manipulation des Vorgesetzten dabei herauskommen.

Es gibt eine Reihe von Tricks, wie man „sich gut verkaufen" kann. Dazu gehören u. a. der „große Auftritt" („primacy effect"), indem man sich gleich zu Anfang als tüchtig, arbeitsfreudig und kooperativ darstellt, oder auch der „gute Abgang" („recency effect"), zum Beispiel die besonderen Bemühungen des „Saisonarbeiters" kurz vor Ablauf eines Beurteilungszeitraums.

Ein Virtuose auf dem Klavier der zwischenmenschlichen Beziehungen kann sich so zum Subjekt des Beurteilungsvorganges und den Beurteiler zum unbewussten Objekt seiner Selbstdarstellungsfähigkeiten machen.

Tiefenpsychologische Mechanismen

Der zu Beurteilende kann aber auch seinen eigenen tiefenpsychologischen Abwehrmechanismen unterworfen und damit zu einer wohlüberlegten, zielorientierten Selbstdarstellung unfähig sein. Für den zu Beurteilenden werden hauptsächlich die Abwehrmechanismen der „Projektion", der „Regression" und der „Ich-Einschränkung" eine Rolle spielen.

Die Projektion

Auch der zu Beurteilende projiziert seine Gefühle und Einstellungen, was sich z. B. in Form der „Übertragung" eines „Vaterbildes" auf den Vorgesetzten äußern kann. Seine Erfahrungen und Emotionen gegenüber bisherigen Autoritäten können sich als unbewusste Verhaltensprogrammierung gegenüber einer neuen Autoritätsperson durchsetzen, insbesondere, wenn zwischen diesen Personen im Verhalten Ähnlichkeiten bestehen. Mangelnde Selbstsicherheit oder auch eine unbegründbare Trotzhaltung können auf dieser Grundlage entstehen und vom Beurteiler als typische Eigenschaft des zu Beurteilenden angesehen werden. Unter einem anderen Vorgesetzten käme es dann zu einem ganz „untypischen" Verhalten.

Die Regression

Je dominierender und patriarchalischer ein Vorgesetzter ist, desto eher wird er an seinen Mitarbeitern Anzeichen einer „Regression" feststellen, eine Rückkehr zu Verhaltensmustern früherer Entwicklungsstufen.

Wie stark Projektionen und Regressionen sich im Verhalten bemerkbar machen, wird jeder bestätigen können, der lebensältere Mitarbeiter während eines längeren Zeitraumes als Schüler vor sich hatte.

Die Ich-Einschränkung

Kommen großes Autoritätsgefälle oder harte negative Sanktionen hinzu, kann es aufseiten der Nachgeordneten zur „Ich-Einschränkung" kommen, weil sie bestimmte Tätigkeiten oder Formen der Selbständigkeit ganz aufgeben, um Misserfolge oder Herabsetzungen beim Vorgesetzten zu vermeiden. Von daher sollte der Beurteiler kritisch prüfen, ob das von ihm beanstandete Verhalten des Mitarbeiters nicht die Folge seines eigenen Verhaltens ist.

2.4 Die sozialpsychologischen Einflüsse

Beurteiler und der zu Beurteilende sind nicht nur zwei Menschen, die sich mögen oder auch nicht. Sie sind auch zwei Mitglieder der Gruppe, aus denen die Dienst-/Arbeitsstelle besteht. Insofern sind für ihre gegenseitigen Beziehungen das Rollenverhalten und die gruppendynamischen Prozesse wichtig.

Das Rollenverhalten

Für die Gruppenmitglieder gibt es eine Fülle von Verhaltensvorschriften. In Gesetzen, Verordnungen, Dienstanweisungen usw. sind die an einer Dienststelle zu besetzenden Positionen, die darin wahrzunehmenden Funktionen, das zugehörige Verhalten und zum Teil auch die dazu nötige Einstellung genau fixiert.

Zwischen der „sozialen Rolle", d. h. dem zu einer Position gehörenden Verhalten, und der persönlichen Eigenart des jeweiligen Positionsinhabers kann es zu erheblichen Diskrepanzen kommen. Dabei ist es wichtig, wem diese Diskrepanzen auffallen, dem Beurteiler oder dem zu Beurteilenden.

Unpünktlichkeit bei Mitarbeitern zum Beispiel würde sich direkt auf die Beurteilung auswirken, Unpünktlichkeit des Beurteilers höchstens auf Umwegen. Hält es der Vorgesetzte mit dem Grundsatz, dass sich schließlich nicht jeder Mitarbeiter herausnehmen könne, was ihm als Vorgesetzten erlaubt sei, dann hindert ihn nichts, das als Fehlverhalten bei anderen festzustellen, was bei ihm (Un-)Sitte ist. Verlangt er anderen nicht mehr ab als sich selbst, dann wird er Beurteilungsmerkmale nach Maßgabe seiner Fähigkeiten/Schwächen gewichten.

Ein Abweichen vom „offiziellen" Rollenverhalten wirkt sich normalerweise eher bei denen schlecht aus, die in der schwächeren sozialen Position sind.

Gruppendynamische Prozesse

Unter „Gruppendynamik" können die „Kräfte" (grch.: dynamis = Kraft) und Gesetzmäßigkeiten verstanden werden, die auf die Mitglieder von (Klein-)Gruppen infolge ihrer Gruppenzugehörigkeit einwirken.

Hier geht es besonders um die emotionalen Beziehungen zwischen den Mitgliedern einer Arbeitsgruppe, insofern um die inoffizielle Struktur einer Gruppe. Daraus abgeleitete „inoffizielle" Verhaltenserwartungen traten noch zu den „offiziellen" Normen hinzu.

Als Beispiel für Rollen, die sich aus der informellen Struktur ableiten, seien hier nur angeführt der „gute Kollege", der „Oppositionsführer", der schon erwähnte „Sündenbock" und unter anderem auch der „Neue".

Welche Erwartungen an die Inhaber solcher informellen Rollen – auch Alters- oder Geschlechtsrollen – gestellt werden, zeigt sich meist erst bei „Verstößen".:

Eine Kollegin weigert sich, selbstverständlich für alle (männlichen) Kollegen Kaffee zu kochen; der „Neue" hat gleich Verbesserungsvorschläge; ein rangniederer Kollege übt Kritik an einem Ranghöheren usw.

Kritik wird überhaupt oft als persönlicher Angriff empfunden, auch wenn es zur Rolle des Betreffenden, zum Beispiel Personalvertreters, Klassensprechers u. a. gehört, Beanstandungen vorzubringen.

Hier hat der Beurteiler zu unterscheiden zwischen Kritik, die ihn in seiner Rolle als Vorgesetzter trifft, und der, die ihm persönlich gilt. Er muss auch seine Persönlichkeit im gruppendynamischen Beziehungsgeflecht in Rechnung zu stellen versuchen.

2.5 Fehlerquellen durch das Beurteilungsverfahren selbst

Fehler bei einer Beurteilung zu machen, ist nicht schwer. Schon der Beurteilungsvorgang als solcher bedingt eine ganze Reihe von Fehlerquellen. Diese liegen in

– der Wahrnehmung
  bei der Selektion
  bei der Strukturierung
  bei der Bewertung

– der Beurteilungssprache
  in Begriffsunklarheiten und
  der Eigenschaftsproblematik

– der Beurteilungsform
  in der freien Beschreibung
  der Merkmalliste und
  der Beurteilungsskala.

Die Wahrnehmung

Eine Beurteilung ist das Ergebnis von Wahrnehmungsprozessen. Eine Wahrnehmung ist keine fotografische Ablichtung, keine Tonband- oder Video-Aufzeichnung von Vorgängen, sondern der aktive Prozess eines Subjekts, das einige Wahrnehmungsmöglichkeiten unterdrückt, andere hervorhebt, umgestaltet und meist nach subjektiv bedeutsamen Kriterien bewertet, sei es als angenehm/unangenehm oder wichtig/unwichtig usw.

Im Bereich der Wahrnehmungspsychologie sind zahlreiche Faktoren untersucht worden, welche auf den Wahrnehmungsprozess einwirken. Sie können nicht im Einzelnen referiert werden, ohne den Rahmen dieses Bandes zu sprengen. Aber festzuhalten bleibt, dass die Beurteilung von Mitarbeitern das Ergebnis von Prozessen der Wahrnehmung, Verarbeitung und Speicherung von Eindrücken ist, wie sie auch bei Zeugenaussagen, Jugenderinnerungen und Erlebnisberichten zu beobachten sind. Es findet eine Selektion, Strukturierung und Bewertung von Wahrnehmungseindrücken statt.

Die Selektion

Nicht alles, was sich in seiner Umwelt abspielt, wird vom betreffenden Subjekt auch wahrgenommen. Die Tonbandaufzeichnung einer interessanten Diskussion durch einen der Zuhörer ist meist unbrauchbar; die wichtigen Diskussionsbeiträge sind durch Randgespräche und Nebengeräusche übertönt worden. Beim Zuhörer hatte eine sinnvolle Selektion der Wahrnehmungsinhalte stattgefunden. Er hatte die Nebengeräusche überhört. Ohne die Fähigkeit, einiges zu „übersehen" oder zu „überhören", können wir uns nicht auf Wesentliches konzentrieren. Was aber für wesentlich erachtet wird, ist individuell sehr unterschiedlich, ist „subjektiv".

Die Strukturierung

Was dann den Selektionsfilter der eigenen Wahrnehmung passiert, wird in eine Form gebracht, erhält eine bestimmte Struktur. Es wird in sinnvoll erscheinende Zusammenhänge eingeordnet, zum Teil schon während der Wahrnehmung, spätestens aber bei weiterer Verarbeitung und Speicherung.

Nicht selten wird das Wahrgenommene mehr durch die eigene Erwartung an die Situation bestimmt als durch die objektiven Gegebenheiten. Hier wirkt sich eine nicht nur den Wahrnehmungsprozessen innewohnende „Tendenz zur guten Gestalt" (= „Prägnanztendenz")[7] aus, die – u. a. durch Prozesse der „Angleichung" – für ein „stimmiges" Bild sorgt. Ähnliche Phänomene waren schon erwähnt worden, als von der Einstellung des Beurteilers die Rede war.

---

7 Metzger, W.: Gesetze des Sehens; Frankfurt, 1953.

Man kann überhaupt nur Dinge „wahrnehmen", d. h. bewusst erleben, für die man sich durch Erfahrung Ordnungsschemata geschaffen hat, andernfalls ergeben sich nur unverständliche Sinneseindrücke – oder „subjektive" Fehldeutungen.

Wie unterschiedlich die Strukturierung von Wahrnehmungsinhalten sein kann, zeigt sich zum Beispiel bei dem Vergleich zwischen dem Filmerleben eines Erwachsenen und eines kleinen Kindes.

Die Bewertung

Wie die Selektion und Strukturierung ist auch die Bewertung des Wahrgenommenen stark von der Persönlichkeit des jeweiligen Wahrnehmenden abhängig.

Die Behauptung, die „Schönheit liegt im Auge des Betrachters", trifft auch auf die Beurteilung von Mitarbeitern zu.

Das Verhalten eines Mitarbeiters kann als „energisch, tatkräftig, durchsetzungsfähig", aber auch als „wenig kooperativ, rücksichtslos" angesehen werden, je nachdem, welche Einstellung der Vorgesetzte ihm gegenüber hat. Diese Einstellung hängt wiederum ab von dem Bild, das er sich von dem Mitarbeiter – aufgrund seiner Erfahrungen mit ihm – gemacht hat. Seine Wahrnehmungen passen entweder in dieses Bild oder erfordern eine Änderung des Bildes, weil sie den Erwartungen total zuwiderlaufen. Meist aber entsprechen die Wahrnehmungen den Erwartungen, nicht zuletzt deswegen, weil die Wahrnehmungen durch die Erwartungen beeinflusst werden.

Die Beurteilersprache

Nicht nur bei der Aufnahme und Speicherung, auch bei der Wiedergabe von Informationen treten Probleme auf. Das liegt daran, dass Informationen vorwiegend mit dem Medium der Sprache übermittelt werden, Begriffe aber nicht die Eindeutigkeit und Neutralität von zum Beispiel Kennziffern haben, sondern in ihrer jeweiligen Bedeutung noch weitere Bedeutungen als „Obertöne" mitschwingen.

Begriffsunklarheiten

Wenn ein Mitarbeiter als „sehr kritisch" bezeichnet wird, hat der Beurteiler im Allgemeinen die Freiheit, ihn als „sehr scharfsinnigen und eigenständigen Denker" oder als „ewigen Meckerer" einzustufen.

Die Tatsache, dass Wörter unterschiedlich interpretiert werden können, sorgt immer wieder für Artikel in Zeitschriften, in denen kundgetan wird, dass der „Geheimcode der Beurteiler geknackt" sei.

In der Tat sind in Textform gefertigte Beurteilungen/Gutachten nicht miteinander vergleichbar, wenn nicht durch eine „Sprachregelung" eine gemeinsame Verständigungsbasis zwischen den Beurteilern geschaffen wurde.

Dies ist um so nötiger, als der Beurteiler im Einzelfall widersprüchlichen Anforderungen gerecht werden muss.

Das tritt am deutlichsten zutage bei der Anfertigung eines Zeugnisses, wenn der Beurteilte den Arbeitsplatz verlässt. Das Zeugnis ist für den Arbeitnehmer ein Nachweis seiner bisherigen Tätigkeiten sowie seiner Leistung und Führung und für den Arbeitgeber die Grundlage seiner Entscheidung über eine Einstellung. Wegen seiner daraus resultierenden rechtlichen und praktischen Bedeutung muss das Zeugnis daher wahr sein.[8] Andererseits soll das Zeugnis „von verständigem Wohlwollen für den Arbeitnehmer getragen sein und ihm sein weiteres Fortkommen nicht unnötig erschweren".[9]

Einem Arbeitnehmer mit verständigem Wohlwollen belastende Tatsachen in eine Beurteilung oder in ein Zeugnis zu schreiben, erfordert dann verbale Drahtseilakte.

Die Problematik von Eigenschaften

Ein grundlegendes Problem aller Beurteilungen liegt in der Verwendung von Eigenschaftsbegriffen. Durch die Angabe von Eigenschaften sind Personen und Sachen in der Regel am einfachsten zu beschreiben (z. B. „Ein Stein ist hart und schwer.").

Eigenschaften können relativ stabile Merkmale eines Gegenstandes sein, bei Persönlichkeiten aber trifft das nicht im gleichen Maße zu. Das liegt daran, dass sich eine Persönlichkeit im Laufe der Jahre – zumindest in bestimmten Grenzen – ändern kann und dass die an ihr wahrgenommenen Eigenschaften vorwiegend erschlossen bzw. erdacht sind.

Eigenschaften sind „theoretische Konstrukte", d. h. Begriffe, die beobachtbare Verhaltensweisen beschreiben und auch erklären sollen.

Wenn jemand als „geizig" bezeichnet wird, dann ist das eine Erklärung dafür, warum er es an seinem Geburtstag unterließ, „einen auszugeben", warum er noch immer seine altmodischen Hosen trägt, warum er seine Kinder nicht an der Klassenfahrt teilnehmen lässt usw.

---

8 BAG, AP Nr. 1 zu § 73 HGB.
9 Nikisch, ArbR 2. Aufl. Bd. I S. 703; BGH, AP Nr. 10 zu § 826 BGB.

Man führt die verschiedenen beobachteten Verhaltensweisen auf eine zugrunde liegende und als Ursache oder Bedingung wirkende Eigenschaft zurück.

Die Eigenschaft Geiz ist nicht direkt vorfindbar, sondern ein Sammelbegriff für Beobachtungen, die man gemacht hat.

Unmittelbar gegeben sind nur konkrete Verhaltensweisen, die man beobachten und protokollieren kann. Solche „Protokollsätze" können zum Beispiel lauten:

„Der Sachbearbeiter X erscheint um 7.25 Uhr an seinem Arbeitsplatz. Ab 7.30 Uhr bearbeitet er seine Akten. Diese Arbeit wird nur unterbrochen durch zwei Essenspausen, von denen eine knapp 10 Minuten, die andere rund 30 Minuten dauert. Um 17.30 Uhr hört er zu arbeiten auf und verlässt kurz darauf seine Dienststelle".

Diese Feststellungen sind „Behauptungen tatsächlicher Art". Sie erschließen ihren vollen Informationsgehalt erst dann, wenn man die Normen für die Arbeitsverrichtung kennt und Vergleiche mit anderen Sachbearbeitern anstellen kann, welche später kommen, früher gehen und ihre Arbeit häufig durch Kaffeepausen und Kollegengespräche unterbrechen.

Vor diesem Hintergrund ist eine genauere Beschreibung des Verhaltens von X möglich, und zwar durch die Verwendung von adverbialen Bestimmungen, die einen wertenden Charakter in die Beschreibung hineinbringen. „Der Beamte erscheint pünktlich an seinem Arbeitsplatz. Er bearbeitet seine Akten fleißig und ausdauernd."

Von der Kennzeichnung des Verhaltens zur Beschreibung der Person, vom Adverb zum Adjektiv, ist es nur ein kleiner Schritt, der im täglichen Leben aber schnell vollzogen wird: „Der Beamte ist pünktlich, fleißig und ausdauernd bei der Arbeit."

Wird dabei noch der konkrete Bezug („bei der Arbeit") weggelassen, so werden aus der genaueren Kennzeichnung von Verhaltensweisen Persönlichkeitseigenschaften gebildet. Von der gesicherten, direkt beobachtbaren Aussage über das Verhalten gelangen wir so zu einer relativ unsicheren, nicht mehr unmittelbar durch Beobachtung überprüfbaren Aussage über das Wesen von Herrn X.

Die Adjektive, welche zur Beschreibung des Wesens von Herrn X dienten, können zu Substantiven, zu selbständigen Wesenheiten gemacht werden, an denen verschiedene Menschen in unterschiedlichem Maße teilhaben: „Pünktlichkeit, Fleiß und Ausdauer sind bei dem Beamten besonders ausgeprägt."

Die auf diese Weise gewonnenen Eigenschaftsbegriffe verleiten zu der Annahme, dass eine Persönlichkeit aus der Summe ihrer Eigenschaften bestehe und dass eine „psychologische Analyse" nur herausfiltern brauche, welche Eigenschaften in einer Persönlichkeit enthalten seien und welcher Prozentanteil an der Gesamtpersönlichkeit der einzelnen Eigenschaft jeweils zukomme.

Es gibt psychologische Theorien, die eine Persönlichkeit durch die Erkenntnis ihrer Eigenschaften zu erfassen suchen, aber keine dieser Theorien verwendet Eigenschaftsbegriffe naiv und ungeprüft. Ein kritischer Umgang mit Eigenschaftsbegriffen ist also erforderlich, wenn von wissenschaftlicher Seite festgestellt wird, dass „beim gegenwärtigen Stand der Persönlichkeitsforschung eine Einigung über einen verbindlichen Eigenschaftsbegriff nicht gut möglich ist."[10]

Die Beurteilungsform

Beurteilungen können zu verschiedenen Zwecken und in unterschiedlichen Formen angefertigt werden; die Formen lassen sich allerdings auf drei Grundmuster zurückführen:

Die freie Beschreibung

Sie wird meist bei Gutachten, bei formlosen Beurteilungen oder auch bei so genannten Bedarfsbeurteilungen praktiziert und bietet dem Beurteiler den größtmöglichen Spielraum zur Entfaltung. Ist er sehr gut befähigt, kann ihm die Schilderung eines Persönlichkeitsbildes gelingen, das aus der Feder eines psychologisch hochbegabten Schriftstellers (oder sprachlich gut begabten psychologischen Diagnostikers) stammen könnte.

Sind die Fähigkeiten des Beurteilers gering, wird es eine Ansammlung nichts sagender Floskeln, die er sich aus anderen Beurteilungen zusammengelesen hat und bei der Beurteilung anderer Personen wieder in neuer Reihenfolge verwendet.

---

10 Graumann, C. F.: Eigenschaften als Problem der Persönlichkeitsforschung; in: Lersch, Ph., Thomae, H. (Hg.): Persönlichkeitsforschung und Persönlichkeitstheorie, Göttingen 1960 (Handbuch der Psychologie, Bd. IV), S. 87–154.

Die Merkmalsliste

Hier werden die Darstellungsmöglichkeiten des Beurteilers eingegrenzt auf bestimmte Bereiche, Eigenschaften oder „Merkmale", die für den Verwendungszweck des Beschäftigten als wesentlich erachtet werden.

Beispiele dafür bieten Beurteilungsformulare verschiedener Dienstbehörden, die häufig für die so genannten „Periodischen Beurteilungen", auch „Regelbeurteilung" genannt, vorgesehen sind.

Der Beurteiler braucht nicht mehr ein Persönlichkeitsbild des zu Beurteilenden im Hinblick auf einen bestimmten Arbeitsbereich selbst zu entwerfen, sondern nur noch Aussagen zu Eigenschaften zu machen, die bei allen Betriebsangehörigen vorausgesetzt werden.

Das führt zu einer gewissen Schematisierung und damit Arbeitserleichterung für den Beurteiler – aber nicht unbedingt zu einer höheren Vergleichbarkeit. Das liegt in erster Linie daran, dass auch hier die Begriffsunklarheiten keineswegs ausgeräumt sind.

Als Beispiel soll das Merkmal „Pflichtgefühl" eines solchen Beurteilungsvordrucks angeführt werden. Es ist zweifellos ein wichtiges Merkmal, besonders für einen Beamten; aber wie gelangt man zu hieb- und stichfesten Aussagen über das Gefühl eines anderen Menschen? Der eigene Eindruck, dass der zu Beurteilende sich seiner Pflichten bewusst ist und ihnen dementsprechend nachkommt, muss sich auf etwas gründen, d. h. es werden beobachtbare Verhaltensweisen gesucht, die mir anzeigen, dass hinter diesem Verhalten offenbar so etwas wie „Pflichtbewusstsein" oder „Pflichtgefühl" steht.

Wenn alle Begriffe einer solchen Merkmalsliste „operationalisiert" d. h. durch beobachtbares Verhalten definiert sind, besteht nur noch Unklarheit über das Ausmaß, in dem die betreffende Eigenschaft vorhanden ist.

Genaueste Feststellungen sind möglich bei Merkmalen, deren Vorhandensein messbar ist.

Wenn zur erfolgreichen Tätigkeit an einem Arbeitsplatz körperliche Kraft gehört, dann lässt sich diese mittels einer Hantel oder eines Expanders messen. Auf diese Weise können die Bewerber miteinander verglichen und ihrem Leistungsvermögen nach in eine Rangreihe gebracht werden.

Das Einstufungsverfahren

Zu Beurteilende miteinander vergleichen zu können, ist auch das Ziel von Skalierungs- oder Einstufungsverfahren. Sie geben dem Beurteiler am wenigsten Gelegenheit, seine und des Beurteilten Individualität zu entfalten. Beurteilte sind dann nur noch ein Punktwert oder ein Merkmalsprofil – und damit „ganz objektiv" vom Computer zu verarbeiten.

Der Teufel steckt auch hier im Detail: Die meisten Skalenwerte sind keine Mess-, sondern Schätzwerte, und auch hier müssen die aufgeführten Merkmale durch beobachtbare Sachverhalte definiert werden.

Beispielsweise müsste das Merkmal „Arbeitsmenge" genauer bestimmt werden. Gilt die Arbeitsmenge „brutto" oder „netto" (abzüglich der Fehler)?

Wird die einfache Skalierung „sehr viel/viel/durchschnittlich/wenig/sehr wenig" von allen Beurteilern in der gleichen Weise gehandhabt?

Hier sind Zweifel angebracht.

Wenn bei einer Beurteilungsskala, aus 5, 7 oder 9 Stufen bestehend, nur die Skalenenden mit Worten beschrieben sind, zum Beispiel bei „Pflichtbewusstsein" bei 9 = überaus pflichtbewusst, bei 1 = pflichtvergessen, dann hat der Beurteiler viele Möglichkeiten, seine milde oder strenge oder übervorsichtige Beurteilungstendenz zu verwirklichen. Die einzelnen Skalenpunkte sollten verbal definiert werden, damit willkürliche Abweichungen des Beurteilers dann offensichtlich dem zugehörigen Text widersprechen.

Solche Abweichungen scheinen das unausweichliche Ende jedes Skalierungsverfahrens zu sein, zumindest dann, wenn es als Grundlage für Beförderungen und finanzielle Zuwendungen verwendet wird.

In den meisten Behörden z. B. waren Spitzenpositionen der jeweiligen Laufbahngruppe nur wenigen auserwählten „Leistungsträgern" vorbehalten und daher Spitzenbeurteilungen erforderlich, um eine solche Position erreichen zu können.

In den letzten zwei Jahrzehnten wurde durch eine Vielzahl von Maßnahmen die Anzahl dieser ehemals wenigen Spitzenpositionen beträchtlich erhöht, die dafür geforderten Beurteilungsgrade aber nicht entsprechend abgesenkt.

Die natürliche Folge war, dass nun durchschnittliche Mitarbeiter solche Positionen erreichen konnten, zuvor aber weit überdurchschnittliche Beurteilungen erhalten mussten. So geschah es denn auch.

„Dienstherr und Bedienstete" profitierten von diesen Regelungen, Personalvertretungen sahen keinen Grund zum Einschreiten, und kaum ein Beurteilungssystem ist gegen solchen Missbrauch gesichert. Dass durch die „Noteninflation" bis dahin brauchbare Beurteilungsverfahren zu Makulatur wurden, zeigte sich erst später.

Da die Tendenz in der Rechtsprechung dahin geht, bei statusrechtlich vergleichbaren Bewerbern dem besser Beurteilten vor dem im Einzelfall besser geeigneten, aber schlechter beurteilten Bewerber den Vorrang zu geben, entsteht daraus zwangsläufig eine Mechanik der Stellenbesetzung, welche kaum noch „die richtige Frau / den richtigen Mann an den richtigen Platz" bringt.

Wenn erst alle Beschäftigten eine Spitzenbeurteilung aufzuweisen haben, wird eine funktionale Stellenbesetzung wieder leichter werden.

2.6   Randbedingungen

Die jeweilige Institution

Jede Behörde/jeder Betrieb hat bestimmte Einstellungs-, Personalverteilungs- und Beförderungsverfahren, um geeignetes Personal zu gewinnen und in die angemessene berufliche Position zu bringen. Zu diesem Zweck soll schließlich das Beurteilungswesen beitragen.

Diese Beiträge sind unterschiedlicher Art; bei Beförderungen nach dem Dienstaltersprinzip spielen sie kaum eine Rolle, beim Leistungsprinzip eine entscheidende.

Auch das Wechseln des Arbeitsplatzes innerhalb der Behörde/des Betriebs bedarf der Grundlage durch ein gut funktionierendes, die Befähigungsschwerpunkte des Bewerbers möglichst genau erfassendes Beurteilungswesen (Anforderungs- und Befähigungsprofil).

Ist das gegeben, bleibt noch zuklären, wie zwischen gleichermaßen gut beurteilten Bewerbern entschieden werden soll. Wird zwischen verschiedenen Funktionsbereichen differenziert, z. B. durch Gewichtungsfaktoren, mit denen die Werte bestimmter Beurteilungsmerkmale multipliziert werden, oder werden alle Bedienstete in gleicher Weise beurteilt, unabhängig davon, wie ihre bisherigen Tätigkeiten sich qualitativ unterscheiden?

Es gibt für beide Möglichkeiten viele Argumente, die erwogen werden müssen, wenn Beurteilungen nicht zur vorprogrammierten Ungerechtigkeit führen sollen.

Die gesellschaftliche Lage

Kein Betrieb/keine Behörde kann sich in einen Elfenbeinturm zurückziehen. Die gesamtgesellschaftlichen Bedingungen sind mitzutragen oder zu berücksichtigen. Dazu zählen die Ansichten über die Erwünschtheit bestimmter Beurteilungsmerkmale, vor allem aber die wirtschaftliche Situation. Diese betrifft jeden Bewerber, der in wirtschaftlichen Flauten gegen eine starke Konkurrenz um den angestrebten Arbeitsplatz kämpft. Umgekehrt leidet die jeweilige Institution, wenn sie in Zeiten der Hochkonjunktur kein geeignetes Personal für anspruchsvolle Arbeitsplätze gewinnen kann.

In Verwaltung und Wirtschaft konnte es vorkommen, dass einmal ein qualifizierter Bewerber eine Blitzkarriere machte, ein anderes Mal überhaupt nicht eingestellt wurde. Von daher ergibt sich in vielen Fällen das Problem der Vergleichsgruppe. Bekanntlich ist „unter den Blinden der Einäugige König", aus einer Gruppe von Spitzenkräften kann man sich aber kaum positiv hervorheben.

Zu manchen Zeiten geht eine berufliche Karriere glatt voran, zu anderen Zeiten sind auf dem Berufsweg politische und soziale Umwälzungen zu überwinden (z. B. für Angehörige des öffentlichen Dienstes in den Beitrittsländern nach der deutschen Einheit).

Es wird dem Beurteiler nur mit Mühe möglich sein, hier ausgleichende Gerechtigkeit walten zu lassen.

3. Die Beurteilung

3.1 Wie kann ich Fehler beim Beurteilen vermeiden?

Die Erfahrung hat gezeigt, dass der Beurteiler während des Beurteilungsvorgangs vielerlei Einflüssen unterliegt, die sich negativ bei der Abgabe von Beurteilungen auswirken können. Im Abschnitt 2. sind im Einzelnen die Störfaktoren und Fehlerquellen dargestellt. Der Beurteiler sollte an solche Einflüsse denken, wenn er ein Urteil über seinen Mitarbeiter abgibt.

Nachfolgend werden einige wesentliche Hinweise genannt, die der Beurteiler beachten sollte:

- Der Beurteiler hat die **Verfahrensregeln** zu **beachten**[1], die in Beurteilungsrichtlinien und in Vorschriften festgelegt sind. Solche Regeln in Beurteilungsbestimmungen sollen u. a. bewirken, dass die Grundsätze der Einheitlichkeit und der Vergleichbarkeit gewahrt bleiben (vgl. hierzu Nr. 4.4).

- Der Beurteiler muss den zu Beurteilenden genau kennen. Die **Nähe zum Mitarbeiter** muss gegeben sein. Der direkte Vorgesetzte sollte der Beurteiler bzw. der Erstbeurteiler (bei Verfahren mit Erst- und Zweitbeurteilern) sein.[2]

- Eine **systematische Beobachtung**[3] des Mitarbeiters ist notwendig, um zutreffende Informationen über sein Verhalten, seine Fähigkeiten, Kenntnisse und Leistungen zu gewinnen. Es müssen möglichst regelmäßige Beobachtungen sein. Die Häufigkeit der Beobachtungen richtet sich nach den praktischen Erfordernissen und Gegebenheiten. Zufällige Eindrücke sind nicht verwertbar. Bei ihnen besteht die Gefahr von Fehlurteilen.

- **Für die Beobachtung** sollte ein **längerer Zeitraum** zur Verfügung stehen. Der Beurteiler muss sich über den Mitarbeiter sorgfältig informieren.

- Die Anforderungen an den Mitarbeiter (Beurteilten) für die von ihm auszuübenden Tätigkeiten müssen festgelegt sein. Der **Beurteiler muss** die **Anforderungen kennen.**[4] Sie sind ein wichtiger Bezugswert, um zu aufga-

---

1 BVerwG vom 27. 1. 1992 (ZBR 1992 S. 374).
2 OVG NW vom 20. 12. 1990 (DÖD 1991 S. 210 f.); BVerwG vom 28 11. 2000 (NVwZ-RR 2001 S. 318; BVerwG vom 26. 9. 2000 (ZBR 2001 S. 141).
3 BVerwG, Urteil vom 27. 10. 1988 – 2 A 2.87 –.
4 OVG Rheinl.-Pfalz vom 20. 5. 1992.

benbezogenen Beurteilungsergebnissen zu kommen. So wird z. B. eine Arbeitsplatzbeschreibung Angaben über die Art und den Umfang der Tätigkeiten sowie über die Befugnisse des Arbeitsplatzinhabers enthalten. Sie sollte auch Aussagen über die Anforderungen, die Fähigkeiten und Kenntnisse machen, über die der Mitarbeiter für die Erfüllung seiner Aufgaben verfügen muss. Liegen Anforderungs- und Befähigungsprofile vor, so hat der Beurteiler eine besonders günstige Beurteilungsgrundlage.

– Es ist bekannt, dass viele Beurteilungen das Ergebnis recht kurzfristiger Überlegungen sind, die häufig erst unmittelbar vor dem Beurteilungsstichtag angestellt werden. Sie können zu keinem umfassenden Bild über den zu Beurteilenden für den gesamten Beurteilungszeitraum führen. Deshalb sollte sich der Beurteiler **Beurteilungsnotizen** über das dienstliche Verhalten und die dienstlichen Leistungen des Mitarbeiters im Beurteilungszeitraum aufzeichnen. Sie können dazu beitragen, dass die Aussagen über die Persönlichkeit und die Leistungen des zu Beurteilenden möglichst gründlich und umfassend sind.

– Der Beurteiler sollte bei einer Beurteilung **andere Vorgesetzte hinzuziehen,** wenn diese den Mitarbeiter von der Tätigkeit her gut kennen. Zwei oder drei Beurteiler kommen zu einem gerechteren Urteil als einer allein.[5] In der Beurteilung muss vermerkt werden, wer an der Beurteilung mitgewirkt hat. Erzählungen, Gerüchte und andere unbestätigte Informationen haben in Beurteilungen nichts zu suchen.

– **Von früheren Beurteilungsergebnissen** muss sich der Beurteiler **frei machen,** d. h. er darf von alten Beurteilungen nicht abschreiben, er muss vorurteilsfrei an diese wichtige Arbeit herangehen. Alte Aussagen färben unweigerlich auf neue ab. Die Mitarbeiter können sich aber ändern. Auf diese Änderung kommt es bei der Beurteilung an.

– Niemand ist völlig frei von **Sympathie** oder **Antipathie** gegenüber anderen Menschen. Ein Beurteiler muss darauf achten, dass er Mitarbeiter, die ihm besonders sympathisch sind, nicht weniger kritisch beurteilt als andere. Andererseits muss er einen Mitarbeiter, dessen Auftreten und dessen Einstellungen von ihm als fremd oder gar unsympathisch empfunden werden, besonders überlegt und vorsichtig beurteilen.

---

5 BayVGH vom 23. 5. 1990 (ZBR 1991 S. 275 f.).

- **Maßstab** für die Beurteilung des Mitarbeiters sind die durchschnittlichen Anforderungen, die an seinen Tätigkeitsbereich zu stellen sind. Grundlage für die Beurteilung ist also eine Realnorm und keine idealisierte Vorstellung.
  Falsch wäre es, wenn der Beurteiler sich selbst zum Maßstab nimmt, indem er z. B. Eigenschaften, die ihn selbst auszeichnen, bei seinem Mitarbeiter besonders scharf und Eigenschaften, die er selbst nicht besitzt, besonders nachsichtig bewertet.

- Wer Mitarbeiter beurteilt, sollte **Vergleiche anstellen,** d. h. er sollte die Leistung eines Mitarbeiters mit der Leistung anderer Mitarbeiter vergleichen, an die etwa gleiche Anforderungen gestellt werden.
  Wer Quervergleiche anstellt, kommt zu gerechteren Urteilen.

- Es gibt kaum Mitarbeiter, die nur stark oder nur schwach ausgeprägte Fähigkeiten und Leistungen aufweisen.
  Jeder Mitarbeiter hat seine **Stärken und Schwächen.** Der Beurteiler muss eine gerechte Bewertung der tatsächlichen Fähigkeits- und Leistungsausprägungen anstreben. Er soll sich auch für extreme Bewertungen entscheiden.

- **Zum Beurteilen** muss man sich **Zeit nehmen.** Jeder Beurteiler muss über die Leistungen seiner Mitarbeiter sorgfältig nachdenken, um zu einer richtigen Bewertung zu gelangen.
  Ein Beurteiler darf niemals unter Zeitdruck beurteilen. Richtig und sorgfältig zu beurteilen ist eine wichtige Führungsaufgabe.
  Flüchtige Beurteilungen sind schlechte Beurteilungen.

- Der Beurteiler sollte die **Beurteilung** mit dem Beurteilten eingehend **besprechen.** Der Mitarbeiter muss wissen, was sein Vorgesetzter an ihm schätzt und was noch zu verbessern ist.
  Das Gespräch ist ein Beratungsgespräch und keine Urteilsverkündung.
  Das Positive interessiert den Beurteilten zuerst. Es muss aber auch besprochen werden, auf welche Weise der Mitarbeiter Schwächen abstellen kann.

- Die Beurteilung sollte mit einem **Verwendungs- bzw. Entwicklungsvorschlag** abgeschlossen werden. Bei diesem Vorschlag ist zu den Fragen Stellung zu nehmen, ob der Mitarbeiter
  in der derzeitigen Verwendung bleiben sollte, weil er in angemessener Weise den Anforderungen gerecht wird,
  weiter reichende oder höherwertige Aufgaben aufgrund seines Leis-

tungsvermögens bzw. seiner besonderen fachlichen Qualifikation übernehmen sollte,
eine Fort- oder Weiterbildung zur Aktualisierung oder Ergänzung des Fachwissens wahrnehmen sollte,
einen Tätigkeitswechsel wegen Überforderung oder auch aus anderen Gründen anstreben sollte.
Auch Verwendungswünsche des Mitarbeiters sollten, sofern diese von ihm geäußert werden, in diesem Vorschlag aufgenommen werden.
Ein solcher Verwendungs- und Entwicklungsvorschlag enthält wichtige Informationen für die Personalführung, insbesondere aber für die Personaleinsatzplanung.

– Beurteilungen sind **vertraulich zu behandeln.** Nach Aufnahme der Beurteilung in die Personalakte sind Entwürfe und Notizen zu vernichten.

3.2 Was soll beurteilt werden?

Angenommen, es muss eine Personalentscheidung getroffen werden, ein Vorgang, bei dem die Beurteilung wichtige Grundlage der Entscheidung ist. In einem Dienst-/Arbeitsbereich wird in Kürze eine Stelle frei, die wieder mit einem Mitarbeiter zu besetzen ist, natürlich mit einem geeigneten. Es stellt sich die Frage, auf welche Weise man schon vor der Besetzung der Stelle Klarheit über die Geeignetheit der in Betracht kommenden Personen erlangen kann.

Wichtigstes Hilfsmittel ist das so genannte Profil:

– Anforderungsprofil

– Befähigungsprofil.

Das **Anforderungsprofil** gibt enumerativ Auskunft darüber, welche Anforderungen an den jeweiligen Stelleninhaber gerichtet werden.

Es lässt sich aber nicht schlicht von einer „Arbeitsplatzbeschreibung" sprechen, da Anforderungsprofile nicht nur für einzelne Arbeitsplätze, sondern auch für ganze Dienstbereiche (z. B. Beamter im gehobenen Dienst der Wirtschafts- und Ordnungsverwaltung, Beamter im höheren Dienst der Polizei) angefertigt werden können.

Anforderungsprofile sollen folglich „die objektiven Stellenmerkmale" umfassen:

– Art und Umfang der Aufgabe oder des Aufgabengebietes,

– Maß der Kenntnisse, die zur Erfüllung der Aufgabe erforderlich sind,

– Maß der Verantwortung, die mit der Tätigkeit verbunden ist,

– Grad der Selbständigkeit,

– Bedeutung der Stelle.[6]

Im Anhang 3 bis 6 sind einige Anforderungsprofile in Form von Tätigkeitsbeschreibungen beispielhaft aufgeführt.

Sollte im Falle einer Personalentscheidung kein Anforderungsprofil für die neu zu besetzende Stelle vorliegen, dann empfiehlt es sich dringend, dieses zuallererst anzufertigen.[7] Beiträge dafür erhält man in Dienstvorschriften, durch Befragen der Stelleninhaber und aus vorhandenen Arbeitsplatzbeschreibungen.

Das Anforderungsprofil macht deutlich, auf welches Ziel hin die Personalauswahl erfolgen muss.

In einem zweiten Schritt ist nun festzustellen, welche Befähigungen der künftige Stelleninhaber besitzen muss, um den Anforderungen gerecht zu werden. Die erforderlichen Befähigungen können aus dem Anforderungsprofil abgeleitet und in einem so genannten Befähigungsprofil niedergelegt werden.

Auch dafür sind im Anhang 3 bis 6 einige allgemeine Befähigungsprofile beispielhaft aufgeführt.

Das **Befähigungsprofil** wird üblicherweise grundlegende Fähigkeiten (z. B. Fähigkeit, Menschen zu führen, Problemverständnis) und Kenntnisse (z. B. gute Rechtskenntnisse, detaillierte Vorschriftenkenntnisse) enthalten müssen. Es empfiehlt sich, zunächst ein allgemeines Befähigungsprofil neben das entsprechende Anforderungsprofil zu stellen, damit grundsätzlich klar wird, über welche Fähigkeiten, Fertigkeiten, Kenntnisse etc. der zukünftige Stelleninhaber verfügen muss. Wenn beide Profile, die immer wieder bei entsprechenden Personalentscheidungen verwendet werden können, erarbeitet worden sind, sollte sinnvollerweise für jeden in Frage kommenden Stellenbewerber ein individuelles Befähigungsprofil (Verwendungsbeurteilung) angefertigt werden. So dürfte es relativ einfach sein, nach einem Vergleich des allgemeinen mit dem individuellen Befähigungsprofil den am besten geeigneten Bewerber herauszufinden und die Entscheidungen dafür entsprechend zu begründen.

---

6 Hartmann, R. K.: Dienstpostenbewertung oder Stellenschlüssel, in DÖV 1964 S. 251.
7 BVerwG vom 24. 5. 2000 (ZBR 2001 S. 31).

Die so erarbeitete Entscheidung basiert weniger auf Gefühl und Gutdünken und trägt größerer Objektivität Rechnung.

Eine Möglichkeit, Anforderungsprofile mit wissenschaftlichen Methoden zu erstellen, ist die **Clusteranalyse**.[8] Sie ist eine spezielle Form der Faktorenanalyse.

Solange jedoch diese komplizierten wissenschaftlichen Verfahren ihre Früchte noch nicht bis in den praktischen Bereich des hier beschriebenen Verantwortlichen getragen haben, sollte der einzelne Beurteiler von sich aus in der oben gezeigten Weise größtmögliche Objektivität bei seiner Entscheidung anstreben.

Abschließend noch ein Wort zur Auswertung der Beurteilung im Hinblick auf das Anforderungs- und das Befähigungsprofil:

– Entspricht das Befähigungsprofil des Mitarbeiters dem Anforderungsprofil der Tätigkeit, in die er eingesetzt werden soll, dürfte die Stellenbesetzung keine Probleme bereiten.

– Unterschreitet das Befähigungsprofil das Anforderungsprofil der Tätigkeit und stehen keine geeigneteren Bewerber für den Posten zur Verfügung, so ist zu überlegen, ob der Mitarbeiter die fehlenden Kenntnisse, Fertigkeiten usw. autodidaktisch oder in Fortbildungsveranstaltungen zu ergänzen in der Lage ist. Hier kann nur eine individuelle Beurteilung von Aufwand und Nutzen Klarheit schaffen.

– Überschreitet das Befähigungsprofil das Anforderungsprofil, so kann man nicht unbedingt von einer positiven Ausgangslage sprechen. Wenn der Mitarbeiter sich wegen seiner größeren Fähigkeiten in der verwendeten Tätigkeit nicht ausgelastet fühlt, kann dies bei ihm zu Unzufriedenheit führen, die unter Umständen den Arbeitsfrieden stören könnte. Ein Optimum an Arbeitsleistung kann von ihm wegen fehlender Motivation nicht unbedingt erwartet werden. Abhilfe dürften hier nur eine noch schwierigere Tätigkeit oder die Zuführung zu einer weiterführenden Ausbildung schaffen.

---

8 Siehe hierzu: Helfer, Ch./Siebel, W.: Das Berufsbild des Polizeivollzugsbeamten, Gutachten im Auftrag der Ständigen Konferenz der Innenminister der Länder, Saarbrücken 1975; Institut für industrielle Markt- und Werbepsychologie: Arbeitsfelduntersuchung im mittleren allgemeinen Verwaltungsdienst im Auftrage des Senatsamts für den Verwaltungsdienst der Freien und Hansestadt Hamburg, 1975.

Es braucht wohl nicht besondes betont zu werden, dass die aufgezeigte Art der Profilschaffung und -verwendung sowohl im Bereich der Personaleinstellung als auch der Personalumsetzung Anwendung finden kann.[9]

3.3 Wie teile ich das Ergebnis mit?
Das Gespräch mit dem Beurteilten

Dass das Beurteilen der Mitarbeiter eine wichtige Führungsaufgabe ist, wurde bereits bei der Frage nach der Bedeutung der Mitarbeiterbeurteilung erörtert. Die Beurteilung selbst ist also ein Führungsmittel, das geeignet sein sollte, den Mitarbeiter zu informieren, zu motivieren und zu beraten. Wenn der Vorgesetzte diese Ziele mit der Beurteilung erreichen will, so muss er bereit sein, in aller Offenheit mit dem Beurteilten über die Beurteilung, über seine Wertungen zu sprechen; denn eine vertrauensvolle Zusammenarbeit ist nur möglich, wenn sie von Aufrichtigkeit, Verständnis und Gerechtigkeit getragen wird

Nach § 40 Abs. 1 der Bundeslaufbahnverordnung[10] ist die Beurteilung dem Beamten in ihrem vollen Wortlaut zu eröffnen und mit ihm zu besprechen. Die Eröffnung ist aktenkundig zu machen und mit der Beurteilung zu den Pesonalakten zu nehmen. Ähnliche Vorschriften sind in landesrechtlichen Bestimmungen enthalten. Die bloße Kenntnisnahme der Beurteilung durch den Mitarbeiter kann nicht als ausreichende Information angesehen werden. Zwar führt das Unterlassen der Eröffnung einer sachlich richtigen Beurteilung nicht zu ihrer Rechtswidrigkeit. Im Sinne einer zeitgemäßen Menschenführung ist die Eröffnung und Besprechung der Beurteilung zwingend geboten.[11]

Der Arbeitskreis zur Bewertung von Eignung und Leistung in der Studienkommission für die Reform des öffentlichen Dienstrechts hat zu der Frage, welche Auswirkungen die Beurteilung auf den Mitarbeiter hat, u. a. folgende Aussagen gemacht:

„Die Formulierung und Eröffnung der Verwendungsbeurteilung werden wohl bei nahezu allen Mitarbeitern zu einer gedanklichen Auseinandersetzung mit ihren Befähigungen, vor allem aber mit ihren beruflichen Mög-

---

9 Kübler, H.: Organisation und Führung in Behörden, 2. Auflage, Stuttgart 1976; Zander u. a.: Führungssysteme in der Praxis, Heidelberg 1972.
10 Bundeslaufbahnverordnung vom 8. 3. 1990 (BGBl. I S. 449, ber. S. 863).
11 ZBR 1997 S. 39.

lichkeiten führen. Ob diese Auseinandersetzung zu einem Ansporn wird oder ob sie Abwehr, vielleicht sogar Verlust des Selbstvertrauens nach sich zieht, hängt weitgehend von der Richtigkeit der Aussagen ab, die in der Verwendungsbeurteilung getroffen wurden, und von der Art, wie sie mitgeteilt werden".[12]

Es wird bei einem erfolgbringenden Beurteilungsgespräch darauf ankommen, dass das Gespräch gedanklich und sachlich vom Beurteiler gründlich vorbereitet ist. Der Ablauf ist situationsgerecht, auf den beurteilten Mitarbeiter bezogen, zu gestalten. Die Ziele des Gesprächs, nämlich die Information, die Motivation und die Beratung des Mitarbeiters, müssen erreicht werden.

Folgende Bedingungen und Zielsetzungen sollte der Beurteiler beachten:

3.3.1 Voraussetzungen für eine Gesprächsführung mit Erfolgserwartung

– Die Bekanntgabe und Erörterung der Beurteilung sollte der unmittelbare Vorgesetzte in Form eines ausführlichen Gesprächs vornehmen.

– Gesprächspartner sind immer nur der Beurteilende und der Beurteilte. Die Hinzuziehung von anderen Personen, ob nun von übergeordneten Dienststellen oder aus Personalvertretungsorganen, kann für die Vertrauensbasis, die bei diesem Gespräch bestehen oder hergestellt werden soll, nicht förderlich sein.

– Das Gespräch ist vor Abgabe der Beurteilung an den nächsthöheren Vorgesetzten zu führen.[13] Sollte dieser als Zweitbeurteiler zu abweichenden Beurteilungsergebnissen kommen, so hat er diese Abweichungen in einem Gespräch mit dem Beurteilten zu erörtern.

– Ein gutes Gesprächsklima ist notwendig. Der Beurteiler muss sich Zeit nehmen für das Gespräch und den Beurteilten rechtzeitig über die Absicht der Gesprächsführung informieren. Der Beurteiler muss eine kommunikative Bereitschaft haben und zwischenmenschliche Kontakte herstellen. Der Beurteilte muss zu Wort kommen und seine Meinung äußern können.

---

12 Studienkommission für die Reform des öffentlichen Dienstrechts (Band 10, 1973, S. 324).
13 OVG Koblenz vom 19. 6. 1991 (ZBR 1992 S. 210 f.).

3.3.2 Ziele, die mit dem Beurteilungsgespräch erreicht werden sollen

- Der Mitarbeiter ist über die Einschätzung seiner Fähigkeiten, Fertigkeiten, Kenntnisse und Eigenschaften (wie sie in der Beurteilung ihren Niederschlag finden) eingehend zu informieren. Enthält die Beurteilung Verwendungs- und Entwicklungsvorschläge, so sind diese mit dem Beurteilten zu erörtern.

- Das Gespräch soll zur Klärung gemeinsamer praktischer Maßnahmen beitragen, zum Beispiel
  bei gleich bleibenden Beurteilungsergebnissen sollten Hinweise auf mögliche Leistungssteigerungen und entsprechende Anleitungen dazu gegeben werden; entsprechen die gleich bleibenden Ergebnisse nicht den Anforderungen, so wären die Ursachen zu ergründen und es wäre zu prüfen, wie negative Faktoren und Einflüsse beseitigt werden können;
  bei einer Verbesserung der Beurteilungsergebnisse (aufsteigende Leistungstendenz) ist dem Mitarbeiter Anerkennung und Lob auszusprechen, dabei muss auch geprüft werden, ob der Mitarbeiter gefördert werden kann;
  bei einer Verschlechterung der Beurteilungsergebnisse (absinkende Leistungstendenz) ist sachliche Kritik notwendig, die Mängel sind zu nennen und der Mitarbeiter ist auf mögliche Folgen hinzuweisen, die der Leistungsabfall bzw. die Beanstandungen haben können, von geringfügigen Mängeln abgesehen. Der Mitarbeiter sollte ermahnt werden. Ratschläge und Hilfen können zu einer Ermutigung des Mitarbeiters führen sowie zur Beseitigung der Mängel beitragen.

- Der Beurteiler soll aufgrund der Äußerungen des Beurteilten sein Urteil überprüfen. Er sollte sich nicht scheuen, sein Urteil zu korrigieren, wenn er bei dem Gespräch andere Erkenntnisse gewonnen hat.

Nach dem Beurteilungsgespräch besteht für den Beurteiler weiterhin die Verpflichtung, zu prüfen, ob die Ziele, die in diesem Gespräch als Hinweise, als Ratschläge oder Förderungsmaßnahmen gesetzt worden sind, erreicht werden und insbesondere Zusagen auch erfüllt werden können.

Es ist darauf hinzuweisen, dass schwerbehinderte Bedienstete einen zusätzlichen Schutz genießen. Unter Umständen ist die Beurteilung eines solchen Bediensteten rechtswidrig, wenn nicht vorher der Vertrauensmann der Schwerbehinderten informiert und angehört worden ist.[15]

---

14 BVerwG vom 11. 11. 1999 (DÖD 2000 S. 108 ff.).
15 VG Berlin vom 29. 8. 1991 (DÖD 1992 S. 67 ff.).

4. Der Rechtscharakter der Beurteilung

4.1 Welche Bedeutung hat die Beurteilung aus rechtlicher Sicht?

Die Beurteilung eines Beamten ist nach den hergebrachten Grundsätzen des Berufsbeamtentums Ausfluss des Leistungsprinzips. Sie ist Bestandteil der Personalnachweise.

Die Beurteilung stellt eine Wertung der Eignung, Befähigung und fachlichen Leistung des Beamten dar, „ohne dass eine Regelung mit bestimmten unmittelbaren Rechtswirkungen ihm gegenüber erfolgt".[1] Diese Regelung gilt für Beamte des Bundes und der Länder.

Das Beurteilungswesen für Angestellte sowie Arbeiterinnen und Arbeiter im öffentlichen Dienst ist nicht einheitlich festgelegt. Der Bundesangestelltentarifvertrag (BAT bzw. BAT-O) sowie der Manteltarifvertrag für Arbeiterinnen und Arbeiter des Bundes und der Länder (MTArb bzw. MTArb-O) regeln nur die beiden Begriffe:

– Behauptungen tatsächlicher Art und Beschwerden gem. § 13 Abs. 2 BAT/ BAT-O bzw. § 13a Abs. 2 MTArb/MTArb-O (siehe auch Nr. 4.3) und

– Zeugnisse und Arbeitsbescheinigungen gem. § 61 BAT/BAT-O bzw. § 64 MTArb/MTArb-O.

Weiter gehende Regelungen sind den Vereinbarungen mit den jeweiligen Behörden zu entnehmen.

Grundsätzlich ist davon auszugehen, dass Angestellte im öffentlichen Dienst sinngemäß nach den Bestimmungen für Beamte beurteilt werden.[2]

Der Arbeitgeber darf Eignung, Befähigung und fachliche Leistung des Angestellten beurteilen und die Beurteilung zu den Personalakten nehmen (so das BAG in seinem Urteil vom 28. 3. 1979 – 5 AZR 80/77). Gegen eine Beurteilung des Angestellten im Abstand von jeweils drei Jahren bestehen keine Bedenken.[3]

Arbeiterinnen und Arbeiter erhalten im Allgemeinen aus Anlass der Probezeitbeendigung oder einer heranstehenden Höhergruppierung eine Beurteilung.

---

1 BVerwG vom 13. 11. 1975 (DÖD 1976 S. 70); OVG Münster vom 9. 6. 1976 (ZBR 1977 S. 33).
2 BAG vom 28. 3. 1979 (DÖD 1980 S. 283 ff.).
3 BAG vom 10. 3. 1982 – 5 AZR 927/79.

Im Zusammenhang mit einer stärkeren Betonung von Leistungselementen kann die Beurteilung von großer Bedeutung sein, indem sie dem Mitarbeiter Stärken und Schwächen aufzeigt und so zu seiner optimalen Verwendung beiträgt.[4]

4.2 Welche Rechtsnatur hat die Beurteilung?

Der Rechtscharakter der Beurteilung ist nicht ohne Problem. Die Fülle von Entscheidungen der oberen Verwaltungsgerichte und des Bundesverwaltungsgerichtes machen dies deutlich. Hier ist kein Beamtengesetz bekannt, das eine zusammenfassende und verbindliche Regelung trifft. Die Rechtslage ist infolgedessen nicht leicht zu überschauen.

Die gerichtliche Angreifbarkeit von Maßnahmen innerhalb des Anstellungsverhältnisses bei Beamten, wozu im Übrigen die Beurteilung gehört, ist deshalb diffizil. Nach herkömmlicher Auffassung handelt es sich um behördeninterne Maßnahmen ohne Rechtswirkung; damit wären alle Klagen vor dem Verwaltungsgericht unzulässig.

Das Bundesverwaltungsgericht[5] hat in mehreren Entscheidungen festgelegt, dass die Beurteilung ein Akt wertender Erkenntnis mit einem gerichtlich nur beschränkt nachprüfbaren Beurteilungsspielraum ist (persönlichkeitsbedingtes Werturteil). In einer weiteren Entscheidung[6] sagt das Bundesverwaltungsgericht, dass die dienstliche Beurteilung kein Verwaltungsakt im rechtstechnischen Sinne ist, weil sie keine Regelung mit bestimmten unmittelbaren Rechtswirkungen nach außen trifft wie etwa über das Bestehen einer Rechte verleihenden Prüfung oder die Festlegung des Besoldungsdienstalters.

Einwendungen gegen fehlerhafte Beurteilungen können auf Art. 19 Abs. 4 GG gestützt werden, der auch dann gerichtlichen Rechtsschutz gewährleistet, „wenn die öffentliche Gewalt jemanden in anderer Weise als durch einen Verwaltungsakt in seinen Rechten verletzt" (vgl. hierzu BVerwGE 19, 19 [20 f.]).[7]

Auch beim Vorgehen gegen eine fehlerhafte Beurteilung muss das so genannte Vorverfahren gemäß § 126 Abs. 3 Nr. 1 BRRG i.V. mit § 68 VwGO

---

4 BVerwG vom 13. 11. 1975 (DÖD 1976 S. 69); OVG Münster vom 9. 6. 1976 (ZBR 1977 S. 33).
5 BVerwG vom 26. 6. 1980 (DÖD 1980 S. 206).
6 BVerwG vom 9. 11. 1967 (ZBR 1968 S. 111 = DÖD 1968 S. 76).
7 BVerwG vom 13. 11. 1975 (DÖD 1976 S. 70); OVG Münster vom 9. 6. 1976 (ZBR 1977 S. 33).

(bei Untätigkeitsklagen gilt § 75 VwGO) durchgeführt werden. Es beginnt gemäß § 69 VwGO mit dem „Widerspruch", in diesem Falle mit dem Antrag des Betroffenen auf

– Beseitigung,

– Änderung oder

– Vornahme einer Beurteilung.

Für die Stellung des Antrages ist der Betroffene in diesem Fall nicht an die Monatsfrist gemäß § 70 VwGO gebunden. Der Gesetzgeber hat augenscheinlich bewusst vermieden, der Beurteilung den Charakter eines Verwaltungsaktes zu verleihen, um sie aus der starren Fristenregelung herauszuhalten.[8] Auch nach längerer Zeit noch soll die Möglichkeit bestehen, eine Beurteilung von Fehlern zu befreien.

Wäre sie nämlich ein fristgebundener Verwaltungsakt, so könnte sich die Praxis einschleichen, gegen jede Beurteilung vorsorglich Widerspruch einzulegen, um sicherheitshalber den Ablauf der Widerspruchsfrist zu vermeiden.

Der Betroffene darf allerdings im Hinblick auf sein Begehren „nicht innerhalb eines längeren Zeitablaufs unter Verhältnissen untätig" bleiben, „unter denen vernünftigerweise etwas zur Wahrung des Rechtes unternommen zu werden pflegt".[9]

Hält die Behörde den Widerspruch (Antrag) für begründet, so sorgt sie gemäß § 72 VwGO für Abhilfe. Hilft sie dem Mangel nicht ab, so handelt sie im Rahmen des § 126 Abs. 3 Nr. 2 BRRG und erteilt einen Widerspruchsbescheid) nach § 73 VwGO auf den Widerspruch gegen die Beurteilung. Dieser stellt einen Verwaltungsakt dar, der infolgedessen vor dem Verwaltungsgericht anfechtbar ist. Unter Umständen kommt es bei der gerichtlichen Überprüfung des Widerspruchbescheides nicht nur zu formellen, sondern auch zur materiellen Überprüfung der Beurteilung[10] (siehe Nr. 4.3).

Der weitere Verlauf des Verwaltungsstreitverfahrens gestaltet sich nach dem sonstigen Verfahren. Es soll deshalb nicht näher darauf eingegangen werden. Der Betroffene kann Verwaltungsklage erheben, um seine Forderungen auf diesem Wege nach Möglichkeit durchzusetzen.[11]

---

8 BVerwG vom 13. 11. 1975 (DÖD 1976 S. 69); OVG Münster vom 9. 6. 1976 (ZBR 1977 S. 33).
9 BVerwG vom 13. 11. 1975 (DÖD 1976 S. 70); OVG Münster vom 9. 6. 1976 (ZBR 1977 S. 33).
10 BVerwG vom 26. 6. 1980 (DÖD 1980 S. 208).
11 Zur Kurzdarstellung des förmlichen und des nichtförmlichen Weges siehe auch Synopse unter Nr. 4.5.

4.3 Wie weit lässt sich eine Beurteilung gerichtlich überprüfen?

Es stellt sich nun die Frage, was unter dem in Nr. 4.2 verwendeten Begriff „fehlerhafte Beurteilung" zu verstehen ist.

Er bezieht sich überwiegend auf den formellen Teil der Beurteilung; denn „die Gerichte sind nicht in der Lage, das Urteil des Dienstvorgesetzten[12] in fachlicher und persönlicher Hinsicht in vollem Umfang nachzuvollziehen oder durch ihre eigene Wertung zu ersetzen"[13], weil es ein „Akt wertender Erkenntnis" ist, nämlich das „persönlichkeitsbedingte Werturteil".[14]

Da jedoch eine völlige Unüberprüfbarkeit der Beurteilung untragbar wäre, hat das Bundesverwaltungsgericht in ständiger Rechtsprechung folgende Grundsätze für die Nachprüfung der Rechtmäßigkeit einer Beurteilung festgelegt, nämlich ob die Verwaltung

– den anzuwendenden Begriff oder

– den gesetzlichen Rahmen, in dem sie sich frei bewegen kann, verkannt hat oder ob sie

– von einem unrichtigen Sachverhalt ausgegangen ist, so u. a. von unzutreffenden Behauptungen tatsächlicher Art,

– allgemeingültige Wertmaßstäbe nicht beachtet oder

– sachfremde Erwägungen angestellt hat.[15]

Die Begriffe sind sehr weit gefasst und lassen dem Beurteiler genügend Spielraum. Zwar hat der Beurteilte beim Vorgehen gegen eine Beurteilung nach wie vor kein leichtes Spiel[16], doch liegen inzwischen weitere klärende Entscheidungen der Rechtsprechung vor.

Am eindeutigsten eingegrenzt dürfte der Begriff **„Behauptungen tatsächlicher Art"**[17] sein.

---

12 BVerwG vom 17. 4. 1986 – 2 C 8.83 – (ZBR 1986 S. 294) und 2 C 28.83 (ZBR 1986 S. 330).
13 OVG Münster vom 9. 6. 1976 (ZBR 1977 S. 33); vgl. hierzu auch Hess. VGH vom 25. 10. 1978 (ESVGH Band 29 S. 40). Zur Nachprüfbarkeit des persönlichkeitsbedingten Werturteils durch den Dienstherrn siehe auch die Entscheidungen BVerwG vom 17. 5. 1978 (DVBl. 1979 S. 424), BVerwG vom 17. 5. 1979 (ZBR 1979 S. 304) und BVerwG vom 26. 6. 1980 (DÖD 1980 S. 206).
14 Allgaier: Gehorsam und Eigenverantwortlichkeit im Beamtenrecht – Zur gezielten Einflussnahme der Hierarchie bei Beurteilungen, in ZBR 1992 S. 369 ff.
15 BVerwGE 21, 129, 130; BVerwG vom 13. 5. 1965 (BVerwGE 21, 127 = ZBR 1965 S. 358).
16 ZBR 1972 S. 264 ff.
17 DDB 1971 S. 86 ff.

Äußerungen dieser Art in einer Beurteilung können gerichtlich nachgeprüft werden. Für ihre Verwendung sind Grundsätze zu beachten.

Nach Literatur und Rechtsprechung ist eine Tatsache dann behauptet, wenn ein unbefangener Dritter den Inhalt der Ausführung als historischen Einzelvorgang auffasst, der durch Beweise belegt werden kann[18], „kurz: wenn etwas >Greifbares< hinter dem Urteil steht".[19]

Folgende Beispiele sollen den Begriff erläutern:

- Der Mitarbeiter lässt mangelnde Zurückhaltung gegenüber weiblichen Bediensteten erkennen.
- Der Mitarbeiter ist dem Alkohol sehr zugetan.
- Der Mitarbeiter kam öfter zu spät zum Dienst.
- Der Mitarbeiter neigt zum Widerspruch. (Er hatte in eigener Sache den Rechtsweg beschritten.)

Beispiele für persönlichkeitsbedingte Werturteile sind im Gegensatz hierzu:

- „Vortrag des Klägers >mitunter stockend, aber dennoch verständlich<" (Nach Auffassung der Verfasser dürfte hier der Grenzbereich zur Tatsachenbehauptung erreicht werden.)
- „Kläger >als Verhandlungsleiter bedingt geeignet<"
- „der Kläger (habe) sich als Vorgesetzter >nicht uneingeschränkt bewährt<"
- „dem Kläger fiele es leichter, seine Aufgaben unbeanstandet zu erfüllen, >wenn er den dienstlichen Belangen gegenüber eine etwas aufgeschlossenere Einstellung finden könnte<,..."

Keines dieser Beispiele gründet „sich notwendig auf konkrete, aus dem Gesamtverhalten im Beurteilungszeitraum herausgelöste Einzelvorkommnisse".[20]

4.4 Was ist bei der Anfertigung einer Beurteilung zu beachten?

Bei der Abfassung einer Beurteilung sind die jeweils gültigen Beurteilungsrichtlinien zu beachten (vgl. Nr. 3.1). Sofern die Beurteiler wechseln, hat

---

18 NJW 1962 S. 1122.
19 BVerwG vom 26. 6. 1980 (DÖD 1980 S. 207).
20 BVerwG vom 26. 6. 1980 (DÖD 1980 S. 209).

der frühere Vorgesetzte einen qualifizierten Beurteilungsbeitrag in schriftlicher Form zu erstellen, wenn der vor dem Wechsel liegende Beurteilungszeitraum nicht unerheblich ist (ein Jahr und mehr).[21] Solcherart fehlerhafte Beurteilungen können rechtswidrig sein und müssen gegebenenfalls berichtigt werden.

Kommt der Dienstherr dieser Verpflichtung nicht nach, so hat der Betroffene Anspruch auf Entfernung dieser Beurteilung aus der Personalakte.[22] Es kann sich dabei durchaus um eine rechtswidrige Fürsorgepflichtverletzung des Dienstherrn handeln, die nach den Regelungen über Amtspflichtverletzungen gem. § 78 Abs. 1 BBG, § 14 BAT/BAT-O, § 11a MTArb/ MTArb-O i.V. mit Art. 34 GG zu Schadenersatzansprüchen seitens des Betroffenen führen kann.

Scheidet bei rechtswidrigen Fürsorgepflichtverletzungen durch fehlerhafte Beurteilungen, die im Hinblick auf Beförderung zur Verzögerung oder Ausschließung führen, eine Naturalrestitution aus, so muss nach allgemeinen Grundsätzen des Schadensersatzrechtes ein Ausgleich in Geld stattfinden.[23]

Tritt während des Beurteilungszeitraumes ein Dienstpostenwechsel ein, so sind die jeweiligen bundes- bzw. landesrechtlichen Regelungen zu beachten. Grundsätzlich sehen solche Regelungen vor, dass andere Vorgesetzte, die im Beurteilungszeitraum für den zu Beurteilenden zuständig waren, zu beteiligen sind.[24]

Mitarbeiter sind unabhängig von der Beurteilung auf Leistungs- oder Verhaltensmängel aufmerksam zu machen. Ihnen ist rechtzeitig Gelegenheit zur Beseitigung der Mängel zu geben.

Die unter Nr. 3.1 bereits erwähnten „Beurteilungsnotizen" stellen rechtlich kein Problem dar, da sie dem beamtenrechtlich gestützten Anspruch des Mitarbeiters auf eine gerechte Beurteilung Rechnung tragen. Diese Notizen sind allerdings auf andere Beurteiler nicht übertragbar. Sie dürfen deshalb auch nicht in einer offiziellen – wenn auch unter Verschluss gehaltenen – Akte geführt werden, sondern gelten als persönliche Aufzeichnungen des Beurteilers.

---

21 OVG Schleswig vom 29. 9. 1995 (ZBR 1996 S. 223).
22 BGH vom 25. 7. 1969 (Der Betrieb 1969 S. 1803).
23 BGH vom 18. 12. 1961 (ZBR 1962 S. 54); BVerwG vom 30. 8. 1962 (NJW 1962 S. 123); BVerwG vom 28. 5. 1998 (Entscheidungen aus dem Beamten-, Richter- und Tarifrecht 1999 S. 34).
24 BVerwG vom 5. 11. 1998 (DÖD 1999 S. 155).

Von großer Wichtigkeit ist das Gespräch mit dem zu Beurteilenden. Es ist zu unterscheiden in

– das Gespräch zur Eröffnung der Beurteilung (hierzu siehe unter Nr. 3.1 und 3.3)

und

– das Gespräch zur Klärung von „Behauptungen tatsächlicher Art" oder von Beschwerden, die in der Beurteilung verwendet werden sollen.[25]

Das Letztgenannte wird zur Klärung von Vorwürfen geführt und dient dem rechtsstaatlichen Grundsatz „Auch die andere Seite soll gehört werden!". Zur Absicherung der Rechtspostionen sollte man dieses Gespräch in Gegenwart eines Zeugen führen, den der betroffene Mitarbeiter akzeptiert. Es muss vor Auswertung der für den Mitarbeiter negativen Behauptungen, d. h. vor Aufnahme in die Personalakte, erfolgen.

Die Äußerung des Mitarbeiters zu diesem Vorwurf oder ein Vermerk, dass er sich zu dem Vorwurf nicht geäußert hat, ist der Beurteilung beizufügen.

Versäumnisse in diesem Bereich machen eine Beurteilung zu einer fehlerhaften. Sie wird damit anfechtbar (siehe Nr. 4.3). Ein schuldhaftes Versäumnis kann, wie oben bereits angedeutet, sogar ein Dienstvergehen und eine zum Schadenersatz verpflichtende Amtspflichtverletzung darstellen.[26]

Abschließend sollen noch einige Hinweise gegeben werden, die bei der Formulierung des Gesamtergebnisses wichtig sind.

Das Gesamtergebnis wird einerseits nicht rechnerisch aus den Einzelbewertungen ermittelt.[27] Andererseits darf es nicht zu den allgemeinen und besonderen Befähigungsmerkmalen in Widerspruch stehen.

Zusätzlich wird es von folgenden Erwägungen beeinflusst[28], u. a.

– von den allgemeinen Laufbahnanforderungen,

– von einem Vergleich des beurteilten Beamten mit den anderen ihm laufbahnmäßig und funktionell gleichgestellten Beamten,

– von dem allgemeinen Leistungsniveau in der Behörde und

---

25 VG Koblenz vom 24. 9. 1976 (ZBR 1977 S. 78); Roth, W.: Die Obliegenheit zur Inanspruchnahme primären Rechtsschutzes insbesondere bei beamtenrechtlichen Beförderungsstreitigkeiten, in ZBR 2001 S. 14 ff.
26 DDB 1971 S. 86; OVG Saarlouis vom 22. 4. 1999 (DÖD 2000 S. 65).
27 OVG Rheinland-Pfalz vom 15. 5. 1991 (DÖD 1992 S. 63 ff.); BVerwG vom 13. 7. 2000 (ZBR 2001 S. 36 f.).
28 BayVGH vom 23. 4. 1976 S. 315).

– von der persönlichen Auffassung des jeweils beurteilenden Vorgesetzten über den zu fordernden „Durchschnitt" an Leistung und persönlicher Eignung.

4.5 Die rechtliche Überprüfbarkeit der Beurteilung

Einwendungen des Beamten[29]

Ziel: Änderung bzw. Aufhebung der Beurteilung

Nicht förmlich

1 Beschwerde oder **Gegenvorstellung**
– gemäß § 171 Abs. 1 BBG[31] bei

  – Anträgen
  – Beschwerden ⎫ Dienstweg
  – formlos, ⎬ einhalten
  – ohne Frist ⎭

– Ergebnis ggf.:
  – Änderung
  – Beseitigung der Ursache

2 Wenden an den Personalrat
Vergleiche Personalvertretungsgesetz

3 Wenden an den Bundes-/ Landes-Personalausschuss
– gemäß § 171 Abs. 3 BBG[31]
Eingaben an...zulässig
– hat kein Entscheidungsrecht

4 Eingabe an den Eingabenausschuss des jeweiligen Landes im Rahmen des Petitionsrechts gem. Art. 17 GG

Förmlich[30]

1 Widerspruch
Vorverfahren gemäß § 68 VwGO
– Gemäß § 126 Abs. 3 Nr. 1 BRRG[31] Vorverfahren zwingend
– Widerspruch gemäß § 69 VwGO
– Monatsfrist (§ 70 VwGO) gemäß BVerwG nicht erforderlich, da kein Verwaltungsakt

2 Widerspruchsbescheid
Gemäß § 126 Abs. 3 Nr. 2 BRRG i.V. mit § 73 VwGO durch oberste Dienstbehörde[31]

3 Verwaltungsklage
Verwaltungsstreitverfahren
– Anfechtungsklage (§ 42 VwGO) auf Aufhebung des Widerspruchsbescheides (§ 113 Abs. 1 Satz 1 VwGO)
– Leistungsklage (in der VwGO nicht geregelt; erwähnt in §§ 43 Abs. 2, 111 Abs. 3 VwGO) auf Erteilung einer Beurteilung Klagefrist: 1 Monat nach Zustellung des Widerspruchsbescheides (§ 74 VwGO)
– Verpflichtungsklage (§ 42 VwGO) Erlass eines abgelehnten oder unterlassenen Verwaltungsaktes
– Feststellungsklage (§ 43 VwGO) Feststellung der Nichtigkeit eines Verwaltungsaktes oder des Bestehens oder Nichtbestehens eines Rechtsverhältnisses

---

29 Vgl. Schnellenbach: Die dienstliche Beurteilung der Beamten und der Richter, Heidelberg 1986, S. 369 ff.
30 Vgl. Schnellenbach: Zur Überprüfung dienstlicher Beurteilungen der Beamten und der Richter, in Recht im Amt, 3/1990 S. 121 f.
31 Vgl. jeweilige landesrechtliche Regelung

5. Veränderungen im Beurteilungswesen

Die Studienkommission für die Reform des öffentlichen Dienstrechts[1] hatte seinerzeit u. a. Grundsätze zur Reform des Beurteilungswesens erarbeitet, auf deren Grundlage die Bundesregierung am 19. Mai 1976 ein Aktionsprogramm zur Dienstrechtsreform veröffentlicht hat. Darin war „u. a. vordringlich die Entwicklung und Erprobung verbesserter Instrumente zur Personalsteuerung vorgesehen".[2]

Ein neu entwickeltes Beurteilungsverfahren wurde 1978/1979 unter Beteiligung von 27 Verwaltungsbereichen des Bundes, der Länder und Kommunen einem Probelauf unterzogen. An ihm wirkten rund 500 Beurteiler und rund 2500 zu beurteilende Mitarbeiter sowie Personalverwaltungen, Personalvertretungen und Wissenschaftler mit. Nach Auswertung der Erfahrungen und Vorlage des Referentenentwurfs vom 15. 7. 1981[3] über eine mängelbereinigte Form ist dieses aufwändige, differenzierte und besonders auf Gerechtigkeit und Objektivität bedachte Beurteilungsverfahren bei der Einführung neuer Systeme berücksichtigt worden. Die wesentlichen Elemente des Verfahrens, die eindeutig zur Erhöhung der Beurteilungsgenauigkeit beitragen können, sind

– die Befähigungsbeurteilung (Verwendungsbeurteilung)

– die Leistungsbeurteilung

– das Befähigungsprofil

– das Anforderungsprofil.

Die **Befähigungsbeurteilung** ist eine vergleichende Darstellung der Fähigkeiten, Kenntnisse, Fertigkeiten, Interessen und Motivationen, kurz der Befähigung des Mitarbeiters. Sie ist besonders hilfreich bei Entscheidungen

– im Personaleinsatz

– in der Personalentwicklung (Aus- und Fortbildung)

– in der Personalplanung.

Die **Leistungsbeurteilung** nimmt einen Vergleich vor zwischen der am Arbeitsplatz geforderten (in der Arbeitsplatzbeschreibung angegebene Ziele) und der tatsächlich erbrachten Leistung. Sie dient besonders der

---

1 Studienkommission für die Reform des öffentlichen Dienstrechts, Baden-Baden 1973 Band 10.
2 Arbeitspapier des Bundesministers des Inneren / D IV 1 vom 15. 4. 1977 zum Beurteilungswesen.
3 Schaefer: Die dienstliche Beurteilung in ZBR 1983 S. 173 ff.

Überprüfung von Personalverteilungsmaßnahmen (Personalsteuerung).

Bewertungsmerkmale im Hinblick auf Qualität und Quantität der geleisteten Arbeit sind u. a.:

– Richtigkeit

– Termingerechtigkeit

– Relation zwischen Aufwand und Erfolg (rationelles Arbeiten, Effektivität)

– Verwertbarkeit der Arbeitsergebnisse

– Arbeitsmenge pro Zeiteinheit.[4]

Bundes- und Landesbehörden haben in der zurückliegenden Zeit Einstufungsverfahren eingeführt (siehe hierzu Anhang 2).[5]

Das Dienstrechtsreformgesetz 1997 will dem Leistungsgedanken im Beamtenrecht stärkere Geltung verschaffen.[6] Es sieht die Gewährung von Prämien und Zulagen sowie das leistungsabhängige Aufsteigen in den Grundgehaltsstufen vor.

Die **Leistungsprämie** dient der Anerkennung einer herausragenden Einzelleistung. Sie wird als Einmalzahlung gewährt.

Die **Leistungszulage** unterstreicht die Anerkennung einer bereits über einen Zeitraum von mindestens drei Monaten erbrachten und auch für die Zukunft erwarteten herausragenden Einzelleistung. Sie soll Anreiz sein, diese Leistung auch künftig zu erbringen.[7]

Die **Festsetzung einer Leistungsstufe** würdigt dauerhaft herausragende Gesamtleistungen. Wer solche Leistungen erbringt, kann vorzeitig in die nächsthöhere Stufe des Grundgehalts aufsteigen.[8]

In Durchführungshinweisen[9] sind die Verfahren für die Gewährung der Leistungsanreize für den Bund bereits geregelt. Auch die Länder sind nach § 42a Bundesbesoldungsgesetz ermächtigt, eine auf ihre Bedürfnisse ausgerichtete Regelung zur Zahlung von Leistungsprämien und Leistungszulagen

---

4 Hartmut Kübler: Organisation und Führung in Behörden, Stuttgart 1976.
5 So u. a. Baden-Württemberg, Gemeinsames Amtsblatt des Landes Nr. 29 vom 28. 9. 1989.
6 BGBl. I 1997 S. 322; vgl. auch Schnellenbach: Das Gesetz zur Reform des öffentlichen Dienstrechts. NVwZ 1997 S. 521 ff.; Beus und Bredendiek: Das Gesetz zur Reform des öffentlichen Dienstrechts, ZBR 1997 S. 201 ff.
7 BGBl. 1997 I S. 1598.
8 BGBl. 1997 I S. 1600.
9 BGBl. 1997 I S. 1598.

zu treffen. Das Bemühen um die rechtliche Ausgestaltung und Praktikabilität gestaltet sich in den einzelnen Bundesländern unterschiedlich. Richtwerte einzuführen und Vergleichsgruppen zu bilden erscheint dabei zwingend.[10]

Diese Regelung kann auf höchstens 10 v. H der Beamten einer Organisationseinheit Anwendung finden.

Nützliche Hinweise für die Beurteilung sollte der Beurteiler aus den Befähigungs- und Anforderungsprofilen erhalten (siehe hierzu Nr. 3.2 und Anhang 3 bis 6).

Einige Bundes- und Landesbehörden haben bereits neue Beurteilungsverfahren entwickelt und eingeführt; andere wiederum planen deren Einführung. Es handelt sich überwiegend um Einstufungsverfahren mit Punkt- oder Notenbewertungen. Sie haben den Vorteil, dass Beurteilungen rationeller anzufertigen sind und dass mehr Einheitlichkeit und Vergleichbarkeit erreicht werden.

Allerdings geben die gebundenen Verfahren mit numerischen Systemen nicht die Chance, Individualität in Beurteilungen zu entfalten und einzubringen. Zudem besteht bei Einstufungsverfahren die Gefahr, dass der Beurteiler Einschätzungen bei den Bewertungen vornimmt und sich dabei an Vorgaben für Beförderungsrangfolgen oder ähnliche Einstufungen orientiert.

In der Literatur findet man vereinzelt Vorschläge für eine größere Annäherung des Beurteilungswesens an das Neue Steuerungsmodell[11]

Im Bundesland Niedersachsen können Führungskräfte durch ihre Mitarbeiter beurteilt werden, wodurch Informationen zur Verbesserung der Führungsarbeit erhofft werden.

---

10 Schnellenbach, H.: Öffentliches Dienstrecht im Umbruch – Statusfragen und Leistungselemente –, ZBR 1998 S. 223 ff.; Schnellenbach, H.: Richtwertvorgaben bei dienstlichen Beurteilungen, DÖD 1999 S. 1 ff.; OVG Münster vom 11. 1. 2000 (ZBR 2001 S. 64).

11 Mehde, V.: Das dienstliche Beurteilungswesen vor der Herausforderung des administrativen Modernisierungsprozesses, ZBR 1998 S. 229.

Anhang

Anhang 1 Erläuterungen von Beurteilungsmerkmalen

Für die Abgabe von **Regelbeurteilungen** – oder auch **periodische** Beurteilungen genannt – sind Beurteilungsvordrucke vorgesehen. In diesen Vordrucken werden meist in gegliederter Form Beurteilungsmerkmale vorgegeben. Der Beurteiler soll zu Persönlichkeitsmerkmalen, Fähigkeiten, Fachkenntnissen und Leistungen des Mitarbeiters Stellung nehmen, sofern zu den einzelnen Merkmalen eine Aussage möglich ist. Nachstehend wird der Versuch unternommen, die in Beurteilungsvordrucken aufgeführten Merkmale näher zu erläutern.

Nach den jeweiligen Erläuterungen werden beispielhaft Merkmalsausprägungen genannt, die verdeutlichen sollen, in welchem Grade (Ausmaß, Stärke) – also in welcher Abstufung – Eigenschaften, Fähigkeiten oder Kenntnisse vorhanden sein können. Nachfolgend ist für die Merkmalsausprägung eine Fünfer-Abstufung gewählt worden. Der höchste Ausprägungsgrad ist jeweils in der Stufe 1, der niedrigste in der Stufe 5 angegeben.

Bezugsmaßstab für die Beurteilung des Mitarbeiters sind die durchschnittlichen Anforderungen, die an ihn in seinem Tätigkeitsbereich zu stellen sind. Es ist unbedingt erforderlich, dass die Beurteilung weder zu wohlwollend noch zu streng, sondern sachgerecht und den tatsächlichen Verhaltensweisen sowie den Arbeitsleistungen des Mitarbeiters entsprechend vorgenommen wird. Das bedeutet, dass

– überdurchschnittliche Einstellungen / Fähigkeiten / Leistungen positiv (z. B. im Sinne der nachstehenden Merkmalsausprägungen nach Stufe 1 oder 2),

– unterdurchschnittliche negativ (z. B. im Sinne der Merkmalsausprägungen nach Stufe 4 oder 5)

und

– durchschnittliche im Sinne der Merkmalsausprägung 3 zu bewerten und entsprechend zu beschreiben sind.

Die Beachtung des Bezugsmaßstabes ist notwendig, um eine größere Objektivität der Beurteilung zu erreichen

Die angebotenen Merkmalsausprägungen sind **Orientierungshilfen.** Der Beurteiler ist in der Formulierung seiner Bewertungen frei. Zu empfehlen ist, solche Formulierungen zu wählen, die sich möglichst konkret auf das Verhalten und das Leistungsvermögen des Mitarbeiters in seinem Verwendungsbereich beziehen.

1. Pflichtgefühl/Pflichtbewusstsein/Verantwortungsbewusstsein

Bei diesem Merkmal wird nach dem Verpflichtetsein gegenüber seinen dienstlichen Obliegenheiten gefragt:

– Wie stark ist das Pflicht- und Verantwortungsbewusstsein ausgeprägt?

– Wie groß ist die Bereitschaft, für die Erfüllung seiner Verpflichtungen einzutreten und dabei u. a. zusätzliche oder auch unbeliebte Tätigkeiten zu übernehmen?

– In welchem Ausmaß werden z. B. dienstliche Belange den eigenen Interessen vorangestellt?

(1) Vorbildliche Pflichterfüllung.

Ist sich im besonderen Maße seiner Verpflichtung und seiner Verantwortung bewusst und nimmt sie mit äußerstem persönlichen Einsatz wahr.

Nimmt zusätzliche/unbeliebte Tätigkeiten ganz selbstverständlich auf sich.

Stellt sich sofort und bereitwillig allen anfallenden Aufgaben.

(2) Zeigt ein hohes Maß an Pflichterfüllung.

Ausgeprägtes Pflicht- und Verantwortungsbewusstsein bzw. ist sich seiner Pflichten und seiner Verantwortung voll bewusst und setzt sich nachdrücklich dafür ein.

Nimmt zusätzliche/unbeliebte Tätigkeiten willig auf sich.

(3) Zufriedenstellende Pflichterfüllung.

Fühlt sich seinen Aufgaben verpflichtet und kommt ihnen nach.

Scheut vor zusätzlichen/unangenehmen Tätigkeiten nicht zurück.

(4) Im Allgemeinen ausreichende Pflichterfüllung.

Ist sich der Tragweite und Bedeutung seiner Verpflichtung nicht immer angemessen bewusst.

Fühlt sich mitunter nicht genügend verpflichtet.

Setzt sich nicht immer voll ein.

Übernimmt zusätzliche/unbeliebte Tätigkeiten nur, wenn es unvermeidbar ist.

Nimmt nicht alle Aufgaben mit der gleichen Intensität wahr.

(5) Wird seinen Pflichten nicht gerecht.

Zeigt mangelnde Bereitschaft, seine Verpflichtungen zu erfüllen.

Versucht Verantwortung abzuwälzen.

Lässt es an Einsatz mangeln, schont sich.

Weicht zusätzlichen/unbeliebten Tätigkeiten stets aus.

2. Tatkraft (Willensspannkraft)

Bei diesem Merkmal geht es – im Unterschied zur „Belastbarkeit" – um den **aktiven** Einsatz der eigenen Kräfte, um die Entfaltung und Ausrichtung von Energien zur Erreichung eines Zieles.

– Wieviel Energie wird aufgebracht?

– Mit welcher Entschlossenheit werden Aufgaben angepackt?

– Mit welcher Beharrlichkeit werden sie erledigt?

(1) Ist voller Energie/außerordentlich tatkräftig.

Packt Aufgaben mit viel Elan/mit äußerster Entschlossenheit an und führt sie mit unbeirrbarer/größter Beharrlichkeit durch.

(2) Ist sehr energisch/sehr tatkräftig.
Packt Aufgaben mit Schwung/sehr entschlossen an und führt sie mit großer Beharrlichkeit durch.

(3) Ist tatkräftig.
Führt Aufgaben entschlossen und beharrlich durch

(4) Kann die notwendige Tatkraft entwickeln/entfalten.
Zeigt im Allgemeinen genügend Entschlossenheit und Ausdauer bei der Erledigung von Aufgaben.

(5) Ist schwunglos/zeigt kaum Tatkraft.
Lässt es an Entschlossenheit und Ausdauer bei der Aufgabenbewältigung fehlen.

3. Entschlusskraft

Bei diesem Merkmal geht es um die Fähigkeit, das Gesetz des Handelns an sich zu ziehen und in ungeklärten Lagen zwischen Alternativen zu einer Entscheidung zu kommen.

– Wie lange dauert es, bis es zu einer Entscheidung kommt?

– Mit welcher Klarheit und Bestimmtheit werden Entschlüsse gefasst?

(1) Kommt unmittelbar zu ganz klaren und eindeutigen Entschlüssen.
Ist in der Entscheidungsfindung prompt und außerordentlich bestimmt.

(2) Entscheidet sich schnell und sehr klar.
Kommt schnell zu klaren Entschlüssen.

(3) Entscheidet sich mit angemessener Schnelligkeit und Bestimmtheit.
Trifft klare Entscheidungen in angemessener Zeit.
Kommt bald mit genügender Bestimmtheit zum Entschluss.

(4) Kommt zu genügend klaren Entschlüssen.
Braucht Zeit, um Entscheidungen zu treffen.
Entschließt sich nur zögernd, dann aber mit der nötigen Bestimmtheit.
Seine Entscheidungen weisen nicht immer die nötige Klarheit und Bestimmtheit auf.

(5) Kann sich nicht entscheiden.
Scheut klare Entschlüsse.
Schiebt Entscheidungen vor sich her.
Drückt sich um Entscheidungen.

4. Belastbarkeit

Bei der Belastbarkeit wird nach der Fähigkeit gefragt, körperliche und seelische Belastungen bei der Bewältigung der Aufgaben zu ertragen:

– Welchem Ausmaß an Belastungen und Schwierigkeiten ist er/sie gewachsen?

– Welchen Arbeitsanfall kann er/sie bewältigen?

(1) Einem Höchstmaß an Belastungen gewachsen.
Bewältigt alle Schwierigkeiten und stärksten Arbeitsanfall.

(2) Ist hohen Belastungen und großen Schwierigkeiten gewachsen.
Bewältigt starken Arbeitsanfall.

(3) Ist Schwierigkeiten gewachsen.
Bewältigt auch vorübergehende Mehrbelastungen.

(4) Kann durchschnittlichen Belastungen insgesamt gerecht werden.
Dem normalen Arbeitsanfall meistens gewachsen.

(5) Ist Belastungssituationen nicht gewachsen.
Wird mit Schwierigkeiten allein nicht fertig.
Laufender Arbeitsanfall kann nicht bewältigt werden.

5. Auffassungsgabe

Bei diesem Merkmal wird nach der Fähigkeit zum Erfassen von Situationen und Zusammenhängen gefragt. Insbesondere ist zu fragen:

– Wie schnell und wie genau werden Situationen und Sachverhalte erfasst, d. h. wahrgenommen und verstanden?

– Wird ein geschlossenes und zugleich detailliertes Bild gewonnen?

(1) Hervorragende Auffassungsgabe.
Durchschaut auch schwierigste Sachverhalte sofort und mit großer Klarheit.

(2) Gute Auffassungsgabe.
Gewinnt schnell ein klares Bild auch bei schwierigen Sachverhalten.

(3) Zufriedenstellende Auffassungsgabe.
Erfasst Sachverhalte zutreffend in angemessener Zeit.
Weiß Einzelheiten im Zusammenhang einzuordnen.

(4) Ausreichende Auffassungsgabe.
Braucht gelegentlich Zeit, bis er einen Sachverhalt hinreichend genau erfasst hat.
Zusammenhänge zwischen Einzelinformationen werden nicht immer erkannt.

(5) Eingeschränkte Auffassungsgabe.
Schwerfällige und ungenaue Erfassung von Sachverhalten.
Fehlender Blick für Sachzusammenhänge.

6. Denkvermögen

Beim Merkmal Denkvermögen wird nach der Fähigkeit gefragt, wie ein erfasster Sachverhalt gedanklich verarbeitet wird:

– Entwickelt der Beurteilte eigene Vorstellungen, hat er Einfälle?

– Kann er Probleme in ihrer Gesamtheit überschauen?

– Kann er Beziehungen zu anderen Problemen herstellen?

- Vermag er das Wesentliche zu erkennen?
- Wie folgerichtig und geordnet ist der Gedankenablauf?

(1) Sehr klare Erkenntnis des Wesentlichen.
Höchst systematischer und streng logischer Gedankenablauf.
Sehr differenzierte Betrachtungsweise von Problemen und Zusammenhängen.
Ausgezeichnete eigenständige Ideen; sehr kreativ.

(2) Erkennt klar das Wesentliche, denkt logisch und differenziert, entwickelt gute eigenständige Vorstellungen.

(3) Erkennt das Wesentliche, denkt folgerichtig, sieht Beziehungen zu anderen Problemen, berücksichtigt verschiedene Gesichtpunkte.
Hat brauchbare eigene Einfälle und Vorstellungen.

(4) Erkennt im Allgemeinen, worauf es ankommt.
Denkt genügend geordnet und erfasst Sachzusammenhänge meist selbständig.
Entwickelt mitunter brauchbare Einfälle und Vorstellungen.

(5) Das Wesentliche einer Sache wird oftmals nicht erkannt.
Es fehlt an Folgerichtigkeit im Denkablauf.
Sachzusammenhänge werden nur selten erkannt.
Sein Denken haftet an Einzelheiten.
Keine klaren Vorstellungen und kaum brauchbare Einfälle.

7. Urteilsfähigkeit

Bei der Urteilsfähigkeit ist die Frage zu beantworten, welche Schlussfolgerungen aus den Überlegungen gezogen werden:

- Enthält das Ergebnis der Überlegungen eindeutige Feststellungen?
- Ist das Urteil sachgerecht und fundiert?
- Ist es der Bedeutung der Sache angemessen?
- Ist es praktisch?

(1) Sehr gut fundiertes, außergewöhnlich sachgerechtes und besonders abgewogenes Urteil.
Vollkommen klare und ganz eindeutige Schlussfolgerungen mit sehr hohem Grad an praktischer Verwertbarkeit.

(2) Fundiertes/sehr sachgerechtes und gut abgewogenes Urteil.
Sehr klare Schlussfolgerungen mit guten Realisierungsmöglichkeiten.

(3) Begründetes, sachgerechtes und abgewogenes Urteil.
Klare, praktisch verwertbare Schlussfolgerungen.

(4) Sein Urteil trifft im Allgemeinen den Kern der Sache.
Seine Schlussfolgerungen sind gelegentlich nicht eindeutig und abgewogen genug.

(5) Wenig bedachtes Urteil, das häufig an der Sache vorbeigeht.
Unausgewogene und häufig unbrauchbare Schlussfolgerungen.

8. Selbständigkeit

Bei diesem Merkmal soll die Selbständigkeit in der Aufgabenerfüllung beurteilt werden.

Dabei ist zu fragen:

– Erkennt der Beurteilte Aufgaben selbst und führt er sie eigenständig durch?

– In welchem Maße entwickelt er Initiative?

– Denkt er bei der Aufgabenbewältigung mit und macht er konstruktive Vorschläge?

– Reagiert er angemessen auf Veränderungen der Situation?

(1) Sieht sofort, was zu tun ist, und bewältigt die anfallenden Aufgaben vollkommen selbständig.

Entwickelt ein besonders hohes Maß an Initiative.

Identifiziert sich völlig mit der Aufgabe, trägt durch ausgezeichnete eigene Beiträge und außerordentliche Verantwortungsbereitschaft zu ihrer Bewältigung bei.

(2) Hat einen sicheren Blick für Aufgaben und führt sie mit großer Selbständigkeit durch.

Entfaltet ausgeprägte Initiative.

Denkt stets mit, trägt durch gute Vorschläge und Verantwortungsbereitschaft zur Aufgabenbewältigung bei.

(3) Sieht selbst Aufgaben und führt sie eigenständig durch.

Zeigt Initiative.

Denkt mit, macht konstruktive Vorschläge, bezieht Situationsveränderungen angemessen in sein Handeln ein.

(4) Arbeitet innerhalb eines gegebenen Rahmens im Allgemeinen selbständig.

Verfügt über ausreichende Initiative.

Ist sich über den Auftrag meist genügend im Klaren, um auf Situationsveränderungen entsprechend reagieren zu können.

(5) Arbeitet nur nach genauer Anweisung und bedarf häufig der Hilfe durch andere.

Mangel an Initiative.

Denkt selten mit.

Richtet sich nach Vorgaben, ohne neue Gesichtpunkte in sein Handeln einzubeziehen.

9. Sprachliche Leistungsfähigkeit

9.1 Schriftlicher Ausdruck

Bei diesem Merkmal geht es um die Fähigkeit, Gedanken schriftlich darzustellen.

Es ist also zu fragen:

– Wie sicher ist der Beurteilte in der Rechtschreibung, Zeichensetzung und Grammatik?

– Wie treffend sind seine Formulierungen?

– Wie klar, folgerichtig und übersichtlich ist der gedankliche Aufbau einer Darstellung?

– Wie genau und vollständig sind die Angaben zu einem Sachverhalt?

(1) Vollkommen sichere Beherrschung der Schriftsprache.
   Besonders treffsichere und differenzierte Formulierungen.
   Vollkommen klare, überaus folgerichtige und höchst übersichtliche Darstellung.
   Stets sehr präzise und völlig lückenlose Angaben.

(2) Sichere Beherrschung der Schriftsprache.
   Treffsichere und differenzierte Formulierungen.
   In ihrer Folgerichtigkeit und Übersichtlichkeit sehr klare Darstellung.
   Stets genaue und vollständige Angaben.

(3) Zufriedenstellende Beherrschung der Schriftsprache.
   Zutreffende Formulierungen.
   Seine Darstellungen sind klar, folgerichtig und übersichtlich.
   Die Angaben zu Sachverhalten sind genau und vollständig.

(4) Genügende Kenntnis der Schriftsprache.
   Im Allgemeinen zutreffende Ausdrucksweise.
   Noch folgerichtige und übersichtliche Darstellung.
   Die Angaben zu Sachverhalten sind meist genau und im Allgemeinen umfassend genug.

(5) Mangelhafte Beherrschung der Schriftsprache.
   Die Ausdrucksweise ist schwerfällig und ungenau.
   Dem Gedankengang fehlt es an Folgerichtigkeit.
   Die Darstellung ist unklar und auch unübersichtlich.
   Die Angaben zu Sachverhalten sind ungenau und unvollständig.

9.2 Mündlicher Ausdruck

Hier geht es um die Verständlichkeit und Flüssigkeit des mündlichen Ausdrucks, um die Gewandtheit in der mündlichen Darstellung.

Es ist zu fragen:

– Wie deutlich und präzise ist der mündliche Ausdruck?

– Wie flüssig ist die Sprech- bzw. Vortragsweise?

– Wie reichhaltig und differenziert ist der Wortschatz?

– Wie klar ist die Gedankenfolge?

(1) Formuliert sehr präzise und einleuchtend.
   Trägt auch umfangreiche Sachverhalte in vollkommen klarer Gedankenfolge sehr flüssig vor.
   Bedient sich dabei eines besonders reichhaltigen und sehr differenzierten Wortschatzes.

(2) Drückt sich deutlich und präzise aus,
   trägt Sachverhalte in klarer Gedankenfolge flüssig vor.
   Verfügt über einen reichhaltigen und differenzierten Wortschatz.

61

(3) Drückt sich klar aus.
   Stellt seine Gedanken geordnet dar.
   Spricht flüssig.
   Hat einen angemessenen Wortschatz.

(4) Drückt sich hinreichend klar aus.
   Insgesamt genügend geordnete Gedankenfolge.
   Spricht im Allgemeinen flüssig.
   Verfügt über einen einfachen Wortschatz.

(5) Drückt sich unklar und missverständlich aus.
   Gedanklich verworren, sprachlich unbeholfen, wortarm.

10. Verhandlungsgeschick

Bei diesem Merkmal wird danach gefragt, wie in einer Verhandlungssituation der eigene Standpunkt vertreten wird und die Partner überzeugt werden:

– Wie (mit welchem Enfühlungsvermögen) kann sich der zu beurteilende Mitarbeiter auf den Gesprächspartner einstellen?

– Kann er sachlich argumentieren?

– Wie geschickt und überzeugend stellt er seinen Standpunkt dar?

– Wie zielstrebig verfolgt er sein Anliegen und wie erfolgreich ist er dabei?

(1) Beweist ein hohes Maß an Einfühlungsvermögen, argumentiert äußerst sachlich.
   Stellt seinen Standpunkt außerordentlich geschickt und sehr überzeugend dar.
   Verfolgt sein Anliegen mit größter Zielstrebigkeit, hat dabei optimalen Erfolg.

(2) Zeigt Einfühlungsvermögen gegenüber seinem Gesprächspartner.
   Argumentiert sachlich.
   Stellt seinen Standpunkt sehr geschickt und überzeugend dar.
   Verfolgt sein Anliegen sehr zielstrebig und mit Erfolg.

(3) Stellt sich auf seinen Gesprächspartner ein, vertritt seinen Standpunkt sachlich und geschickt.
   Verfolgt sein Anliegen zielbewusst und erreicht im Wesentlichen das angestrebte Verhandlungsziel.

(4) Stellt sich im Allgemeinen auf seinen Gesprächspartner ein.
   Vertritt seinen Standpunkt meist sachlich und hinreichend geschickt.
   Ist genügend zielbewusst und kommt meist noch zu akzeptablen Verhandlungsergebnissen.

(5) Geht auf seinen Gesprächspartner nicht ein.
   Ist ungeschickt und schwerfällig im Verhandeln.
   Wird leicht unsachlich.
   Hat kein klares Verhandlungsziel.
   Erreicht oft nur Zufallsergebnisse.

11. Umgangsformen

11.1 Umgang mit dem Bürger

Es geht hier um die Frage, ob das Verhalten gegenüber dem Bürger von Korrektheit und Einfühlungsvermögen geprägt ist:

– Wie höflich, aufgeschlossen, rücksichtsvoll, hilfsbereit ist der Beurteilte?

– Wie sicher und bestimmt ist sein Auftreten?

(1) Außerordentlich korrekt in seinem Auftreten.
   Ist auch in schwierigen Situationen vollkommen sicher und bestimmt.
   Geht mit sehr viel Einfühlungsvermögen und sehr großer Hilfsbereitschaft auf den Bürger ein.
   Ist außergewöhnlich höflich und sehr rücksichtsvoll.

(2) Sehr korrekt.
   Sehr sicher und bestimmt im Auftreten.
   Zeigt gutes Einfühlungsvermögen und große Hilfsbereitschaft gegenüber dem Bürger.
   Ist sehr höflich und rücksichtsvoll.

(3) Korrekt im Auftreten, dabei sicher und bestimmt.
   Ist dem Bürger gegenüber höflich, aufgeschlossen und hilfsbereit.

(4) Überwiegend korrekt.
   Im Allgemeinen genügend sicher und bestimmt im Auftreten.
   Dem Bürger gegenüber meist höflich und vorwiegend aufgeschlossen.

(5) Nicht korrekt genug.
   Es fehlt an Sicherheit und Bestimmtheit im Auftreten.
   Zeigt wenig Aufgeschlossenheit und Rücksicht gegenüber dem Bürger.

11.2 Umgang mit dem Mitarbeiter

Hier wird nach dem Verhalten gegenüber den anderen Mitarbeitern, den Kollegen gefragt.

– Wie kontaktbereit, hilfsbereit, kameradschaftlich ist der Beurteilte?

– Wie groß ist die Bereitschaft zur kollegialen Zusammenarbeit?

(1) Ausgesprochen kontaktfreudig.
   Setzt sich sehr hilfsbereit für seine Kollegen ein.
   Verhält sich stets sehr kameradschaftlich und fördert in starkem Maße die gute Zusammenarbeit.

(2) Ist kontaktfreudig.
   Setzt sich kameradschaftlich und hilfsbereit für Kollegen ein.
   Trägt zur guten Zusammenarbeit bei, wirkt ausgleichend.

(3) Ist kontakt- und hilfsbereit.
   Verhält sich kameradschaftlich.
   Arbeitet bereitwillig mit seinen Kollegen zusammen.

(4) ist genügend kontaktbereit.
Verhält sich im Allgemeinen kameradschaftlich.
Die Zusammenarbeit mit ihm ist meist kollegial.

(5) Wenig kontaktbereit/abweisend.
Zeigt keine Bereitschaft, sich für Kollegen einzusetzen.
Legt kaum Wert auf kollegiale Zusammenarbeit.

11.3 Umgang mit Vorgesetzten

Bei diesem Merkmal wird gefragt, wie sich der Beurteilte gegenüber Vorgesetzten verhält:

- Wie aufgeschlossen, aufrichtig und taktvoll ist der Mitarbeiter?
- Wie loyal und verlässlich ist er?
- Wie groß ist die Bereitschaft zur sachlichen und konstruktiven Mitarbeit?

(1) Außerordentlich aufgeschlossen,
besonders aufrichtig, dabei außergewöhnlich taktvoll.
Zeichnet sich aus durch größtmögliche Loyalität und absolute Verlässlichkeit.
Ist zu sachlicher und konstruktiver Mitarbeit stets uneingeschränkt bereit.

(2) Ist seinen Vorgesetzten gegenüber sehr aufgeschlossen.
Zeigt große Aufrichtigkeit, dabei sehr taktvoll.
Ist in hohem Maße verlässlich und loyal.
Zeigt große Bereitschaft zur sachlichen und konstruktiven Mitarbeit.
Ist immer zur sachlichen und konstruktiven Mitarbeit bereit.

(3) Ist seinen Vorgesetzten gegenüber aufgeschlossen, aufrichtig, dabei taktvoll.
Auf ihn ist Verlass.
Ist zu konstruktiver und sachlicher Mitarbeit bereit.

(4) Ist überwiegend aufgeschlossen,
im Allgemeinen aufrichtig und meist taktvoll.
Ist im Großen und Ganzen genügend verlässlich.
Ausreichende Bereitschaft zur Mitarbeit ist vorhanden.

(5) Verschlossen, wenig aufrichtig/unaufrichtig, oftmals taktlos.
Er ist wenig zuverlässig/unzuverlässig.
Es fehlt an der Bereitschaft zu sachlicher und konstruktiver Mitarbeit.

12. Fachkenntnisse für die ausgeübte Tätigkeit

Hier wird nach dem Umfang und der Genauigkeit der Fachkenntnisse (Rechts- und Vorschriften- sowie andere fachliche Kenntnisse) gefragt:

- Wie umfassend (= Breite) und genau (= Tiefe) sind die für den Aufgabenbereich erforderlichen Kenntnisse?
- Wie sicher und wie aktuell sind die Kenntnisse?

(1) Außergewöhnlich umfangreiches und sehr exaktes Fachwissen.
Ist stets auf neuestem Kenntnisstand und außerordentlich sicher in der Anwendung seines Wissens.

(2) Sehr umfangreiches und exaktes Fachwissen.
Seine Kenntnisse sind stets aktuell und werden sicher angewendet.

(3) Verfügt über umfängliches und genaues Fachwissen, das er sicher beherrscht.
Hält seinen Kenntnisstand stetes auf dem Laufenden.

(4) Besitzt genügende und zutreffende Fachkenntnisse.
Diese entsprechen überwiegend dem gegenwärtigen Wissensstand und werden zumeist/im Allgemeinen angemessen genutzt.

(5) Unzulängliche und ungenaue Fachkenntnisse.
Mangelnde Bereitschaft zur Aktualisierung des Wissens und Unsicherheit in der Beherrschung.

13. Besondere Kenntnisse

Welche besonderen Kenntnisse, die erlernt sind und die die Lösung spezieller Probleme ermöglichen, besitzt der Beurteilte?

– z. B. spezielle Rechtskenntnisse,
Fremdsprachen,
technische Kenntnisse oder
andere besondere Kenntnisse.
Ggf. Befähigungsnachweise,
Teilnahmenachweise aufführen.

14. Arbeitsweise

Es geht darum, wie die Art der Arbeitserledigung ist:

– Wie zweckmäßig ist die Arbeitsverrichtung für den angestrebten Erfolg?

– Wie rationell ist die Arbeitsweise, d. h. steht der Aufwand in einem angemessenen Verhältnis zum Erfolg?

– Wie systematisch und konzentriert, wie gewissenhaft und zuverlässig wird die Arbeit erledigt?

(1) Führt seine Arbeiten überaus zielstrebig und besonders zweckmäßig durch.
Versteht es hervorragend, seine Mittel rationell einzusetzen, um einen optimalen Erfolg zu sichern.
Geht äußerst gewissenhaft und systematisch vor.
Arbeitet besonders zuverlässig und konzentriert.

(2) Sehr zielstrebige und zweckmäßige Arbeitsweise.
Versteht es gut, seine Mittel rationell und erfolgreich einzusetzen.
Führt seine Aufgaben stets systematisch und gewissenhaft durch.
Arbeitet sehr konzentriert und zuverlässig.

(3) Arbeitet zielgerichtet, setzt seine Mittel zweckdienlich und im angemessenen Verhältnis zum angestrebten Erfolg ein.

Geht systematisch und gewissenhaft an seine Aufgaben heran, verrichtet sie konzentriert und sorgfältig.

(4) Seine Arbeitsweise ist überwiegend zweckorientiert.

Er weiß im Allgemeinen das angemessene Verhältnis zwischen Aufwand und Erfolg zu wahren.

Die Arbeitsverrichtung ist zumeist geordnet und konzentriert, insgesamt genügend sorgfältig.

(5) Die Arbeitsweise ist häufig nicht zweckdienlich.

Es mangelt am ausgewogenen Verhältnis zwischen Aufwand und Erfolg.

Die Arbeitsverrichtung ist nicht konzentriert und sorgfältig genug.

15. Umfang (Menge) der Arbeitsergebnisse

Wie ist der Umfang der geleisteten Arbeit?

In welchem Zeitraum wird das geforderte Pensum erledigt?

(1) Schafft eine sehr große Arbeitsmenge. Wird auch großem Arbeitsanfall in kurzer Zeit voll gerecht.

(2) Schafft eine überdurchschnittliche Arbeitsmenge. Bewältigt einen durchschnittlichen Arbeitsanfall in kurzer Zeit.

(3) Erbringt eine zufriedenstellende Arbeitsmenge. Bewältigt durchschnittliche Arbeitsanforderungen in angemessener Zeit.

(4) Schafft eine ausreichende Arbeitsmenge. Wird durchschnittlichen Arbeitsanforderungen im Allgemeinen genügend gerecht.

(5) Schafft wenig, arbeitet langsam, braucht viel Zeit.

16. Güte (Qualität) der Arbeitsergebnisse

Wie brauchbar/verwertbar ist die geleistete Arbeit? Ist das Arbeitsergebnis fehlerfrei?

(1) Leistet ausgezeichnete Arbeit, die stets uneingeschränkt verwertbar ist. Seine Arbeitsergebnisse sind hervorragend und stets fehlerfrei.

(2) Leistet gute Arbeit von hoher Verwertbarkeit. Seine Arbeitsergebnisse sind gut und fehlerfrei.

(3) Leistet brauchbare Arbeit. Seine Arbeitsergebnisse sind zufriedenstellend und ohne Beanstandungen.

(4) Leistet im Allgemeinen brauchbare Arbeit. Seine Arbeitsergebnisse werden insgesamt den Ansprüchen noch gerecht.

(5) Leistet kaum brauchbare Arbeit. Seine Arbeitsergebnisse sind oft fehlerhaft und wenig vertretbar.

17. Organisatorische Fähigkeiten

(zu beantworten, wenn zum Dienstposten Organisationsaufgaben gehören)

Hier wird nach der Fähigkeit gefragt, wie vorausschauend und planvoll die anfallenden Aufgaben angepackt werden:

- Wie umsichtig und zweckdienlich werden Aufgaben in sachlicher und zeitlicher Folge in Angriff genommen?
- Wie gut ist dabei die Koordination (Zusammenwirken) mit anderen?

(1) Stellt sich außerordentlich vorausschauend auf neue Aufgaben ein, führt sie nach klarem planerischen Konzept durch.
Gestaltet Arbeitsabläufe äußerst rationell.
Versteht es hervorragend, alle am Aufgabenvollzug Beteiligten zu koordinieren.

(2) Geht sehr vorausschauend und planvoll an Aufgaben heran.
Sorgt für rationelle Arbeitsabläufe und gute Koordination aller Beteiligten.

(3) Nimmt Aufgaben umsichtig in Angriff.
Sorgt für zweckdienliche Arbeitsabläufe und fördert das Zusammenwirken aller Beteiligten.

(4) Geht genügend umsichtig an Aufgaben heran.
Sorgt im Allgemeinen für eine angemessene sachliche und zeitliche Abfolge der Tätigkeiten, erreicht meist das nötige Zusammenwirken der Beteiligten.

(5) Geht ohne Planung und mit zu geringer Umsicht an die Durchführung von Aufgaben heran.
Lässt es an Koordination mit anderen fehlen.

18. Eignung als Vorgesetzter

(zu beantworten, wenn der zu Beurteilende Führungsaufgaben wahrzunehmen hat)

Es wird danach gefragt, ob der Beurteilte durch sein Verhalten und die von ihm eingesetzten Mittel bei seinen Mitarbeitern die Bereitschaft zur Erfüllung der Aufgaben erreicht.

- Wie stellt sich der Beurteilte auf seine Mitarbeiter ein?
- Versteht er es, sie zu aktivieren?
- Wie zweckmäßig setzt er sie ein?
- Wie wird er in seiner Funktion von den Mitarbeitern anerkannt?

(1) Zeigt ein hohes Maß an Einfühlungsvermögen gegenüber seinen Mitarbeitern.
Versteht es hervorragend, seine Mitarbeiter zu aktivieren und mitzureißen und jeden seiner Befähigung gemäß im Aufgabenvollzug bestmöglich einzusetzen.
Wird von seinen Mitarbeitern sehr geschätzt und voll anerkannt.

(2) Zeigt seinen Mitarbeitern gegenüber großes Einfühlungsvermögen.
Versteht es gut, seine Mitarbeiter zu aktivieren und anzuspornen.
Setzt sie nach ihrer Befähigung sehr zweckdienlich ein.
Findet bei seinen Mitarbeitern volle Anerkennung.

(3) Stellt sich individuell auf seine Mitarbeiter ein und versteht es, sie zu aktivieren.
Setzt sie ihrer Befähigung entsprechend zweckmäßig ein.
Findet bei seinen Mitarbeitern Anerkennung.

(4) Kann sich im Allgemeinen auf seine Mitarbeiter einstellen.
Versteht es in genügendem Maße, sie zu aktivieren.
Setzt sie zumeist zweckmäßig ein.
Wird von ihnen als Vorgesetzter akzeptiert.

(5) Kann sich auf seine Mitarbeiter nicht einstellen.
Ist nicht imstande, sie zu aktivieren. Bedarf zur Aktivierung seiner Mitarbeiter formaler Autorität.
Er versteht es nicht, seine Mitarbeiter zweckmäßig einzusetzen.
Wird von seinen Mitarbeitern als Vorgesetzter nicht anerkannt.

Anhang 2 Einstufungsverfahren

Beurteilungen können auch in Form von Einstufungs- oder Skalierungsverfahren gefertigt werden. Ziel dieses Verfahrens ist es, die zu Beurteilenden miteinander vergleichen zu können. Für die Leistungsmessung sind in diesem Verfahren Noten- oder Punktbewertungen vorgesehen.

Einige Bundes- und Landesverwaltungen praktizieren solche Beurteilungsverfahren, zum Teil auch zweigliedrig.[1] Beim zweiteiligen Verfahren gliedert sich die dienstliche Beurteilung in eine **Leistungs-** und eine **Befähigungsbeurteilung.** Solche zweigliedrigen dienstlichen Beurteilungen haben zum Ziel, einerseits die Leistungen der Mitarbeiter leistungsgerecht abgestuft und untereinander vergleichbar zu bewerten und zum anderen ein Bild über ihre Befähigungen zu gewinnen.

In der **Leistungsbeurteilung** werden die an den Dienstposteninhaber gestellten Anforderungen (nach der Arbeitsplatzbeschreibung) mit der tatsächlich erbrachten Leistung verglichen und die Arbeitsergebnisse bewertet. Beurteilungsmerkmale sind u. a.

– Arbeitmenge, Arbeitsweise und Arbeitsgüte.

Die Ergebnisse werden durch die Zuerkennung von Punkten oder Noten bewertet.

In der **Befähigungsbeurteilung** werden die Fähigkeiten, Kenntnisse, Interessen und Motivationen dargestellt, also die Befähigung des Mitarbeiters beurteilt. Sie ist für die weitere Verwendung und die berufliche Entwicklung von Bedeutung.

Die Fähigkeiten wiederum sind zu bewerten. Nach Abschluss des Beurteilungsverfahrens sind Beurteilungen dem Beurteilten bekanntzugeben. Dabei ist ihm Gelegenheit zur Besprechung der Beurteilung zu geben.

Nachstehend wird in verkürzter Form ein Beurteilungsschema für ein zweigegliedertes Einstufungsverfahren (Leistungs- und Befähigungsbeurteilung) dargestellt.[2]

Dienstliche Beurteilung

I. Personalangaben

II. Leistungsbeurteilung

1. Aufgabenbeschreibung

Art und Umfang der Aufgabe oder des Aufgabengebiets; Maß der Kenntnisse, die zur Aufgabenerfüllung erforderlich sind; Maß der Verantwortung, die mit der Tätigkeit verbunden ist, Grad der Selbständigkeit u. Ä.

---

1 Gemeinsames Amtsblatt des Landes Baden-Württemberg Nr. 29 vom 28. 9. 1989; vgl. hierzu auch Beurteilungsrichtlinien des Landes Rheinland-Pfalz im Ministerialblatt der Landesregierung 1994, S. 408 und Beurteilungsrichtlinien des Landes Schleswig-Holstein, Amtsblatt Schl.-H. 1995 S. 893.
2 Entnommen den Beurteilungsrichtlinien für die Landesbeamten in Baden-Württemberg (GABl. 1989 S. 1033).

2. Bewertung der Leistungsmerkmale

Leistungsmerkmal	Punkte[3]
2.1 Arbeitsmenge Zu berücksichtigen sind insbesondere: Bewältigung der zugewiesenen Aufgaben; Rückstände	☐
2.2 Arbeitsweise Zu berücksichtigen sind insbesondere: Eigenständigkeit, Zusammenarbeit, Vertretung des Verantwortungsbereichs und bürgerfreundliches Verhalten	☐
2.3 Arbeitsgüte Zu berücksichtigen sind insbesondere: Anwendung und Einhaltung von Vorschriften, Zweckmäßigkeit des Handelns, Beachten von Zusammenhängen, Termingerechtigkeit und Wirtschaftlichkeit	☐
2.4 Führungserfolg – Bewertung nur bei Wahrnehmung von Führungsfunktionen – Zu berücksichtigen sind insbesondere: Wahrnehmung der Führungsverantwortung, Ordnen des Aufgabenbereichs, Anleitung und Aufsicht, Motivierung, Information	☐

3. Gesamturteil

	Punkte[3]
3.1 Vorbeurteilung (Erstbeurteiler) Vorschlag für das Gesamturteil:	☐
	Punkte[3]
3.2 Endbeurteilung (Zweitbeurteiler) Gesamturteil:	☐

---

3 Beurteilungsmaßstab

Entspricht nicht den Leistungserwartungen	1 Punkt
Entspricht nur eingeschränkt den Leistungserwartungen	2 Punkte
Entspricht den Leistungserwartungen	3–5 Punkte
Übertrifft die Leistungserwartungen	6–8 Punkte

III. Befähigungsbeurteilung

1. Fähigkeiten

1.1 Allgemeine Fähigkeiten

Befähigungsmerkmale	Ausprägungsgrad A = schwach ausgeprägt B = normal ausgeprägt C = stärker ausgeprägt D = besonders stark ausgeprägt			
	A	B	C	D
Lernfähigkeit				
Aufgeschlossenheit für nicht erlernte Fachgebiete				
Überblick				
Einfallsreichtum				
Merkfähigkeit				
Verständnis für Technik / Verwaltung				
Geistige Beweglichkeit				
Schriftliche Ausdrucksfähigkeit				
Mündliche Ausdrucksfähigkeit				
Kontaktfähigkeit				
Fähigkeit zur Gruppenarbeit				
Verhandlungsgeschick				
Praxisgerechtes Arbeiten				
Organisationsfähigkeit				
Konzeptionelles Arbeiten				
Initiative				
Entschlusskraft				
Belastbarkeit				

1.2   Fachkenntnisse und besondere Fähigkeiten

1.3   Körperliche Fähigkeiten

2.   Endbeurteilung

Der Beurteilung der Fähigkeiten (Abschn. III Nr. 1) wird zugestimmt

☐   ja   ☐   nein

Begründung (nur bei Abweichen von der Vorbeurteilung)

IV.   Förderungs- und Verwendungshinweise

Datum / Unterschrift des Vorbeurteilers   Datum / Unterschrift des Endbeurteilers

Anhang 3 bis 6 Anforderungs- und Befähigungsprofile

Zuverlässige Personalplanungen und -entscheidungen können nur getroffen werden, wenn zum einen eine genaue Tätigkeitsanalyse des Arbeitsplatzes vorliegt (Anforderungsprofil) und sich zum anderen daraus Informationen über die Qualifikation des Arbeitsplatzinhabers (Befähigungsprofil) festlegen lassen. Nachstehend werden für Mitarbeiter verschiedener Verwendungsbereiche Anforderungs- und Befähigungsprofile in genereller Form dargestellt. In der Organisations- und Personalpraxis sind für die Entwicklung derartiger Profile die Tätigkeitsbeschreibungen und die Befähigungen individueller zu erfassen und zu bewerten.

Anhang 3.1 Anforderungsprofil für einen Personalsachbearbeiter

1. Bearbeitung von Personalvorgängen einschl. der Prüfung rechtlicher und sachlicher Voraussetzungen bei:

1.1 Ernennungen (Einstellung, Anstellung, Beförderung)

1.2 Abkürzung bzw. Verlängerung von Vorbereitungsdienst, Probezeit, Bewährungszeit

1.3 Dienstpostenwechsel (Abordnung, Umsetzung, Versetzung, Zuweisung)

1.4 Nebentätigkeiten

1.5 Beendigung von Dienstverhältnissen

1.6 Einstellung von Angestellten, Arbeiterinnen und Arbeitern

1.7 Ein-, Höher- bzw. Rückgruppierungen

1.8 Beendigung von Beschäftigungsverhältnissen

1.9 Urlaubs- und Sonderurlaubsangelegenheiten

1.10 Krankheits- und Dienstunfallangelegenheiten

1.11 Reise- und Umzugskosten, Trennungsentschädigungen

1.12 Disziplinarangelegenheiten

2. Führung und Verwaltung der Personalakten einschl. der Überwachung von Fristen und Terminen nach dem Dienstrecht

3. Festsetzung des Besoldungsdienstalters, allgemeinen Dienstalters (Rangdienstalter) und Jubiläumsdienstalters

4. Festsetzung von Dienstbezügen, Beihilfen, Vorschüssen, Unterstützungen und anderen Zuwendungen sowie deren Zahlungsanweisung

5. Feststellung und Rückforderung zu Unrecht gezahlter Dienstbezüge, Beihilfen, Vorschüssen und sonstiger Zuwendungen

6. Stellungnahmen zu Rechtsstreitigkeiten aus dem Dienst- oder Beschäftigungsverhältnis

7. Ausstellen von Dienstzeugnissen und Bescheinigungen, die das Dienst- oder Beschäftigungsverhältnis betreffen

Anhang 3.2 Befähigungsprofil für einen Personalsachbearbeiter

1.   Umfassende Rechts- und Vorschriftenkenntnisse im Dienstrecht, insbesondere spezielle Kenntnisse im Beamten- und Tarifrecht

2.   Fähigkeit, erworbene Fachkenntnisse auf Sachverhalte, die das Dienst- oder Beschäftigungsverhältnis betreffen, anzuwenden

3.   Fähigkeit, Sachverhalte aus dem Bereich der Dienst- und Beschäftigungsverhältnisse mit Verständnis zu erfassen, gedanklich zu verarbeiten und Schlussfolgerungen daraus zu ziehen.

4.   Fähigkeit, Sachverhalte und Schlussfolgerungen genau und umfassend darzulegen und mitzuteilen

5.   Fähigkeit, übertragene Aufgaben zweckmäßig, gewissenhaft und zuverlässig zu erledigen

6.   Fähigkeit und Bereitschaft, selbständig und eigenverantwortlich Vorgänge zu bearbeiten.

7.   Fähigkeit und Bereitschaft zur Koordination und Kooperation

Anhang 4.1 Anforderungsprofil für einen Haushaltssachbearbeiter

1.   Vorbereitung des Haushaltsvorschlages für Kapitel. . .

1.1   Mitwirkung bei der Festlegung der Richtlinien für die Aufstellung der Beiträge zum Haushaltsvorschlag

1.2   Überprüfung und Überarbeitung der Vorlagen und Beiträge

1.3   Erarbeitung von Unterlagen für das Abstimmungsverfahren und die Prioritätenfestsetzung bei der Amtsleitung

1.4   Fertigung der Erläuterungen zum Haushaltsvorschlag

2.   Vorbereitung der Beiträge für den Nachtragshaushalt

3.   Vorbereitung und Durchführung von Maßnahmen für die Mittelbewirtschaftung

3.1   Mitwirkung bei der Festlegung der Richtlinien für die Mittelbewirtschaftung

3.2   Durchführung der Mittelzuweisung

3.3   Überwachung und Steuerung der Mittelbewirtschaftung und des Mittelabflusses

3.4   Bearbeitung von Anträgen und Freigabe und Entsperrung von Haushaltsmitteln

3.5   Bearbeitung von Anträgen auf Leistung von Mehrausgaben, Überprüfung der Deckungsfähigkeiten

3.6   Bearbeitung der Anträge auf Bildung und Inanspruchnahme von Haushaltsresten

3.7   Wahrnehmung von Kontroll- und Überwachungsaufgaben

4.   Mitwirkung bei der Aufstellung der Mittelfristigen Finanzplanung

Anhang 4.2 Befähigungsprofil für einen Haushaltssachbearbeiter

1. Umfassende Kenntnisse der Vorschriften des Haushalts-, Kassen- und Rechnungswesens

2. Fähigkeit, erworbene Fachkenntnisse auf Sachverhalte, die Haushalts-, Finanz- und Vermögensangelegenheiten betreffen, anzuwenden

3. Fähigkeit, Sachverhalte aus dem Bereich des Haushalts- und Finanzwesens mit Verständnis zu erfassen, gedanklich zu verarbeiten und Schlussfolgerungen daraus zu ziehen

4. Fähigkeit, Wirtschaftlichkeits- und Effizienzberechnungen sicher und genau vorzunehmen

5. Fähigkeit, Verhandlungen zielorientiert zu führen

6. Fähigkeit, Sachverhalte und Schlussfolgerungen genau und umfassend darzulegen und mitzuteilen

7. Fähigkeit, übertragene Aufgaben zweckmäßig, gewissenhaft und zuverlässig zu erledigen

8. Fähigkeit und Bereitschaft, selbständig und verantwortlich Vorgänge zu bearbeiten

9. Fähigkeit und Bereitschaft zur Koordination und Kooperation

Anhang 5.1 Anforderungsprofil für einen Schutzpolizeibeamten Vollzugsdienst

1. Polizeirelevante Vorgänge rechtlich und polizeitaktisch beurteilen

2. Strafverfolgende Maßnahmen treffen

2.1 Aufnahme strafrechtlich bedeutsamer Sachverhalte

2.2 Sicherung von Tatorten

2.3 Feststellung bzw. Ermittlung von Tätern (Tatverdächtigen), Geschädigten, Zeugen

2.4 Anordnung bzw. Durchführung von
   – Festnahmen
   – Durchsuchungen
   – Beschlagnahmen
   – Untersuchungen

2.5 Fahndung nach Personal und Sachen

2.6 Anwendung von Zwangsmitteln
   – einfache körperliche Gewalt
   – Hilfsmittel der körperlichen Gewalt
   – Waffen

2.7 Verbindungsaufnahme mit (ggf. Einweisung von) kriminalpolizeilichen Dienststellen

3. Gefahrenabwehrende (störungsbeseitigende) Maßnahmen treffen

75

3.1 Gefahrenstellen sichern

3.2 Feststellung bzw. Ermittlung von Verantwortlichen (Störer)

3.3 Durchführung von
– Ingewahrsamnahmen
– Sicherstellungen
– Durchsuchungen
– Hilfeleistungen für Verletzte
– Bergung von Sachen

3.4 Tätigwerden in zivilrechtlichen Angelegenheiten

3.5 Suche nach Vermissten

3.6 Verbindungsaufnahme mit Fachbehörden

3.7 Unterstützung von Fachdiensten

4. Aufnahme von Sachverhalten, die Ordnungwidrigkeiten darstellen

5. Erteilung gebührenpflichtiger Verwarnungen

6. Regelung von Verkehrsabläufen

7. Bearbeitung von Verkehrsunfällen
– Sicherung der Unfallstelle
– Feststellung der Beteiligten und Zeugen
– Vernehmung der Beteiligten und Zeugen
– Benachrichtigung von Angehörigen
(Unfälle mit Personenschaden)

8. Aufnahme von Straßen-, Sport-, Arbeits- und Hausunfällen

9. Fertigung von Anzeigen, Berichten, Meldungen und Eintragungen

10. Bewachung festgenommener und in Verwahrung genommener Personen

11. Verrichtung von Streifendienst (mot. und Fußstreifendienst) im Rahmen des präventiven und repressiven Auftrags

12. Durchführung von Personen- und Objektschutzaufgaben

13. Handhabung von Einsatzmitteln (Kraftfahrzeuge, Fernmeldemittel, Radarmess- und Fotogeräte)

14. Bedienung von Datensichtgeräten, Computeranlagen

15. Erteilung von Auskünften

16. Tätigwerden bei besonderen Anlässen in geschlossenen Einheiten

Anhang 5.2 Befähigungsprofil für einen Schutzpolizeibeamten im Vollzugsdienst

1. Fähigkeit, polizeilich bedeutsame Vorgänge wahrzunehmen und Sachverhalte mit Verständnis zu erfassen

2. Fähigkeit, Sachverhalte gedanklich zu verarbeiten und sinnvolle Schlussfolgerungen daraus zu ziehen

3. Fähigkeit, Gedanken und Sachverhalte genau und verständlich darzulegen und mitzuteilen

4. Umfassende Rechts- und Vorschriftenkenntnisse besitzen, insbesondere spezielle Kenntnis polizeilicher Eingriffsbefugnisse

5. Fähigkeit, erworbene Fachkenntnisse auf polizeirelevante Sachverhalte anzuwenden

6. Fähigkeit, die übertragenen Tätigkeiten zweckmäßig und gewissenhaft zu erledigen

7. Fähigkeit, polizeiliche Vorgänge selbständig und abschließend zu erledigen

8. Fähigkeit, computergestützte Systeme zweckdienlich und gewissenhaft anzuwenden

9. Fähigkeit, sich im Umgang mit anderen der Situation angemessen zu verhalten

10. Fähigkeit zur Kooperation und Koordination

11. Fähigkeit, in Belastungssituationen psychische Spannkraft und körperliche Gewandtheit aufzubringen

12. Fähigkeit, sich in besonderen Situationen schnell entscheiden zu können

Anhang 6.1 Anforderungsprofil für einen kriminalpolizeilichen Sachbearbeiter

1. Aufnahme von polizeilichen Sachverhalten

2. Würdigung (Beurteilung) von Sachverhalten in rechtlicher und kriminaltaktischer Hinsicht

3. Tatortarbeit
   - Aufnahme des objektiven Tatbefundes
   - Einweisung von Spezialkräften, zum Beispiel kriminaltechnischer Dienststellen

4. Anordnung und Durchführung von Maßnahmen zur Beweiserlangung und -sicherung
   - Feststellung und Vernehmung von Zeugen und Geschädigten
   - Vernehmung von Beschuldigten
   - Auffinden von Beweismitteln
   - Analyse von Spuren und Indizien

5. Anordnung und Durchführung von Eingriffsmaßnahmen
   - Erkennungsdienstliche Behandlung
   - Festnahme/Zuführung
   - Durchsuchung
   - Beschlagnahme
   - Gegenüberstellung
   - Anwendung von Zwangsmitteln

6. Anordnung und Durchführung von Fahndungsmaßnahmen
    - Ausschreibung INPOL/POLAS
    - Ausschreibung Landes- und Bundeskriminalblatt
    - Observation

7. Auswertung und Speisung interner und externer Informations- und Nachrichtenquellen

8. Bedienung von Fernmeldemitteln, Fotogeräten, Datensichtgeräten, Computeranlagen

9. Verbindungsaufnahmen (Zusammenarbeit) mit Amtsgerichten, Staatsanwaltschaften und anderen Behörden

10. Anfertigung von Schriftsätzen
    - Berichte
    - Stellungnahme
    - Vernehmungen

11. Tätigwerden im Rahmen von besonderen Anlässen

Anhang 6.2 Befähigungsprofil für einen kriminalpolizeilichen Sachbearbeiter

1. Fähigkeit, polizeilich bedeutsame Vorgänge wahrzunehmen und Sachverhalte mit kriminalistischem Gespür zu erfassen

2. Fähigkeit, Sachverhalte gedanklich zu verarbeiten und sinnvolle Schlussfolgerungen daraus zu ziehen

3. Fähigkeit, zu kombinieren, Vorgänge zu rekonstruieren und Hypothesen zu bilden

4. Fähigkeit, Gedanken und Sachverhalte genau und umfassend (beweisfähig) darzulegen und mitzuteilen

5. Umfassende Rechts- und Vorschriftenkenntnisse besitzen, insbesondere spezielle strafrechtliche und strafverfahrensrechtliche Kenntnisse

6. Fähigkeit, erworbene Fachkenntnisse auf polizeirelevante Sachverhalte anzuwenden

7. Fähigkeit, die übertragenen Tätigkeiten zweckmäßig und gewissenhaft zu erledigen

8. Fähigkeit, polizeiliche Vorgänge selbständig, abschließend und verantwortlich zu erledigen

9. Fähigkeit, computergestützte Systeme zweckdienlich und gewissenhaft anzuwenden

10. Fähigkeit, sich im Umgang mit anderen der Situation angemessen zu verhalten

11. Fähigkeit, sich auf zu vernehmende Personen situationsgerecht einzustellen und Vernehmungen zielgerichtet zu führen

12. Fähigkeit zur Kooperation und Koordination

13. Fähigkeit, in Belastungssituationen psychische Spannkraft und körperliche Gewandtheit aufzubringen.

Literatur

Allport, G. W.: Gestalt und Wachstum in der Persönlichkeit, Meisenheim 1970

Arbeitskreis zur Bewertung von Eignung und Leistung: Bericht zur Einführung von Systemen zur Leistungsbewertung und zur Verwendungsbeurteilung im öffentlichen Dienst in: Studienkommission für die Reform des öffentlichen Dienstrechts, Band 10, Baden-Baden 1973

Arbeitskreis Dienstpostenbewertung: Bericht zur Einführung einer einheitlichen und praktikablen Bewertung der Dienstposten im öffentlichen Dienst in: Studienkommission für die Reform des öffentlichen Dienstrechts, Band 10, Baden-Baden 1973

Brandstätter, H.: Die Beurteilung von Mitarbeitern in: Handbuch der Psychologie, 9. Band, 2. Auflage, Göttingen (1970)

Bundesministerium des Innern: Beurteilungswesen, Arbeitspapier des BMI/D IV 1 vom 15. 4. 1977

Dirks, H.: Zeitgemäße Menschenführung, München 1973

Franke, J. und Kühlmann, T.: Die Beurteilung von Mitarbeitern, Stuttgart 1990

Festinger, L.: A theory of cognitive dissonance, Evanston 1957

Freud, A.: Das Ich und die Abwehrmechanismen, München 1968

Füllgrabe, U.: Menschenkenntnis, 3. Auflage, Stuttgart 1987

Füllgrabe, U.: Persönlichkeitspsychologie, 4. Auflage, Stuttgart 1982

Helfer, Ch./ Siebel, W.: Das Berufsbild des Polizeivollzugsbeamten, Gutachten im Auftrage der Ständigen Konferenz der Innenminister, Saarbrücken 1975

Institut für industrielle Markt- und Werbepsychologie: Arbeitsfelduntersuchung im mittleren allgemeinen Verwaltungsdienst im Auftrage des Senatsamtes für den Verwaltungsdienst, Hamburg 1975

Kübler, H.: Organisation und Führung in Behörden, 2. Auflage, Stuttgart u. a. 1976

Metzger, W.: Gesetze des Sehens, Frankfurt 1953

Olbricht, E. und Schmitz, R.: Fibel für die Verwendungsbeurteilung im öffentlichen Dienst in: Studienkommission für die Reform des öffentlichen Dienstrechts, Band 10, Baden-Baden 1973, S. 307–374

Rosenthal, R. und Jacobsen, L.: Pygmalion im Unterricht, Weinheim, 1971

Schnellenbach, H.: Beamtenrecht in der Praxis, 2. Auflage, München 1994

Schnellenbach, H.: Die dienstliche Beurteilung der Beamten und der Richter, 2. Auflage, Heidelberg 1995

Schröder / Lemhöfer / Krafft: Das Laufbahnrecht der Bundesbeamten, Loseblatt-Kommentar zur Bundeslaufbahnverordnung, München

Schubert, G. u. a.: Führungsprobleme lösen, Stuttgart 1973

Schubert, G. und **Schubert, U.**: Führungspraxis, Stuttgart 1969

Schubert, U.: Mitarbeiterbeurteilung in: Management II, Stuttgart 1972

Schuler, H. (Hrsg.): Lehrbuch der Personalpsychologie, Göttingen 2001

Stadler, A.: Personalführung im öffentlichen Dienst, Goslar 1970

Studienkommission für die Reform des öffentlichen Dienstrechts: Bericht der Kommission, Baden-Baden 1973

Zander, E.: Taschenbuch für Führungstechnik, 5. Auflage, Heidelberg 1977

Zander, E. u. a.: Führungssysteme in der Praxis, Heidelberg 1972

Stichwortverzeichnis